¡AQUÍ ESTAMOS!

por Leticia Roa Nixon (Ahdanah)

Volumen I

HERE WE ARE!

by Leticia Roa Nixon (Ahdanah)

Volume I

AuthorHouse™
1663 Liberty Drive
Bloomington, IN 47403
www.authorhouse.com
Phone: 1-800-839-8640

© 2012 **Leticia Roa Nixon** (Ahdanah). All Rights Reserved.

No part of this book may be reproduced, stored in a retrieval system,
or transmitted by any means without the written permission of the author.

Published by AuthorHouse 02/16/2012

ISBN: 978-1-4685-5257-7 (sc)

Any people depicted in stock imagery provided by Thinkstock are models,
and such images are being used for illustrative purposes only.
Certain stock imagery © Thinkstock.

This book is printed on acid-free paper.

Because of the dynamic nature of the Internet, any web addresses or links contained in this book may have changed since publication and may no longer be valid. The views expressed in this work are solely those of the author and do not necessarily reflect the views of the publisher, and the publisher hereby disclaims any responsibility for them.

¡Aquí Estamos!

Cenzontle Cuicatl

Nuestro pueblo dice:
Arrancaron nuestros frutos
Cortaron nuestras ramas
Quemaron nuestro tronco
Pero no pudieron matar
Nuestras raíces.

Our people say:
They ripped off our fruits
They cut our branches
They burned down our trunks
But they couldn't kill our roots.

¡Aquí Estamos!

"Los movimientos comienzan con la narración de historias que no han sido contadas."

--Michael Nutter, Alcalde de Filadelfia

"Movements begin with telling of untold stories."

-- Michael Nutter, Philadelphia Mayor

We are Mexicans
Not Mexicant's

--George Lopez, Comedian

Dedicatoria

Este libro está dedicado a todos los mexicanos que han emigrado de su país de origen buscando mejor situación económica y calidad de vida.

Dedication

This book is dedicated to all Mexicans who have emigrated from their homeland looking for better financial conditions and quality of life.

¡Aquí Estamos!

Introducción

por Zachary Steele
Organizador JUNTOS

¿Para quién contamos nuestras historias?

Hay un dicho muy sabio que dice "Todo movimiento colectivo del ser humano comienza con el contar de una historia". Nosotros los seres humanos vivimos tanto en el mundo real que en un mundo hecho de sueños. Los sueños que nos motivan forman un tejido dinámico, entrelazando nuestras vidas y ayudándonos a construir una identidad como individuos y como comunidad. Contar una historia es trazar la vida de un sueño, explorando sus andares y uniéndolo a los demás sueños que crean el tejido comunal de una familia, de un barrio, o de una comunidad.

Los mexicanos que han venido al Sur de Filadelfia han venido por amor a sus familias, y por sus sueños. Sin embargo, como muchos cuentan en las historias que llenan este libro, se vive un sueño (¿o una identidad?) de doble filo (o una identidad doble). A un lado está el querer a la familia en México, a lo mexicano, a la vida del hogar, en contraste con el firme compromiso de salir adelante en este nuevo país a todo costo. El anhelo de regresar está muy en la mente para muchos, mezclado con el orgullo de forjar una vida aquí frente a la incertidumbre de la soledad, la discriminación, la política, y las corrientes de una cultura ajena.

Son tantos los sueños que empujan y fortalecen; el de lograr el Sueño Americano, el de regresar a casa en México, o el de hacer florecer la cultura mexicana sobre el pavimento del Sur de Filadelfia. La resistencia que se ve entre las palabras de cada historia brilla como testimonio de que estos líderes pertenecen a una comunidad en marcha. Todos que comparten sus historias aquí con mucho valor son testigos del poder que se desencadena cuando toman sus sueños en sus manos, y así prenden luz al sueño de una comunidad entera.

Estos líderes . . . entienden que el contar de sus (¿o nuestras?) historias es un tipo de sanación. Dar testimonio de lo vivido les permite unir el dolor con la esperanza y la alegría; unir a los que dejaron atrás con miembros de las nuevas familias que empiezan aquí.

Ellos entienden que el contar de nuestras historias nos permite retomar con orgullo la cultura mexicana, la identidad de nuestra sangre en un entorno ajeno en el cual nos dedicamos a criar a nuestras familias. Es a través de nuestras historias que establecemos un hilo (o una conexión) ininterrumpido entre las tradiciones en nuestros hogares en México y en EEUU.

Entienden también que nuestra palabra es nuestra arma que nos permite denunciar la injusticia y nombrarla tanto entre nuestros paisanos que frente a la sociedad estadounidense. En esta forma las historias sirven para celebrar el triunfo de la hermandad; el afán por ayudar a los demás en la difícil transición entre culturas y países.

Con el contar de nuestras historias formamos la identidad, construyendo en nuestras propias vidas la futura identidad de nuestra comunidad.

En mi tiempo conviviendo con los líderes de esta comunidad yo he presenciado como poco a poco la gente ha ido recopilando sus experiencias, venciendo la soledad. Año tras año, los que han llegado buscan como integrarse con los demás emigrantes de sus pueblos de origen, de su región, y de su estado mexicano. Hace poco era una comunidad de hombres aislados, unidos en su objetivo de mandar dinero a México. Ahora es una comunidad de familias jóvenes, arraigadas aquí para ver crecer a sus hijos mexicano-americanos con más oportunidad. Hace poco se escuchaba que "soy de tal pueblo . . ." Ahora se escucha, "soy mexicano, del Sur de Filadelfia."

¿Para quién contamos nuestras historias y compartimos nuestros sueños? Para nosotros mismos.

Una comunidad viva goza de la memoria de donde vino, de las victorias de las luchas que enfrenta, y de la identidad que se está formando en cada momento de la vida cotidiana. Sin historia, no somos nada. El reto es vivir contando nuestras historias, abriendo paso a una historia en común. Nuestra palabra es nuestra arma en las luchas sociales, es nuestra memoria colectiva, y es el auge del porvenir.

Los que comparten desde sus corazones en estas páginas se han comprometido a la valerosa labor de dar a luz a una comunidad que está en proceso de conocer a su propia identidad en un país ajeno, que plenamente ha dicho "¡Aquí estamos!" Ellos servirán como pilares que alumbran el camino para todas las familias que en conjunto, día a día, enlacen sus sueños para criar una comunidad naciente con mucha esperanza.

¡Aquí Estamos!

Introduction

By Zachary Steele
JUNTOS

For whom do we tell our stories?

A young woman, wise beyond her years, once told me, "Every collective movement of human history begins with the telling of stories". We humans live as much within the real world as within a world built of our dreams. The dreams that motivate us form a dynamic web; they connect us to others and they help us to construct our personal and community identities. To tell a story is to trace the life of a dream, exploring its hidden corners and uniting it with other dreams that create the communal web of a family, of a neighborhood, and of a community.

The Mexicans that have made South Philadelphia their home arrived here with many dreams; among them to support their families back home in Mexico. As many recount in the stories that follow, their dreams have led them to experiences both brilliant and painful.

Within the pages that follow you will find many dreams that have pushed and strengthened the dreamer. There is the constant memory of those left behind and the beckoning of one's own culture; contrasted with the firm resolve to achieve in a new environment, even amidst the uncertainty of solitude, discrimination, and the currents of an alien culture.

Some of those who share their stories have committed themselves to realizing the "American dream". Others firmly believe that one day they will return home to the embraces of family after years of absence. There are those working to cultivate and preserve the flower of Mexican culture amidst the pavement and blacktops of Philadelphia. The resilience which is present between the words spoken in each story bears testament to the fact that these leaders belong to a community of immense strength and resolve. Every individual who has courageously shared their story in this book is witness to the power that is unleashed when we take our dreams in our hands and strive to make them our reality. By dreaming together . . .

These leaders understand that the telling of our stories is a kind of healing. To recount our stories allows us to unite pain with hope; to unite those that we have left behind with those who have joined our families here.

They understand that the telling of our stories allows us to breath life into our cultural identities; to feel with pride how our blood speaks to us, even as we are surrounded by an unfamiliar culture in which we have dedicated ourselves to raising our children. It is through our stories that we can establish an unbroken history, connecting our traditions and our homes in Mexico and the United States.

These leaders also understand that our words are our weapon, as they allow us to denounce the injustice around us and name it, making it plain for all to see, immigrants and citizens alike. In this way these stories serve to celebrate the triumph of human solidarity, and reveal a commitment to help others make the difficult transition between two cultures and two countries.

With the telling of our stories we create meaning; constructing within the actions of our own lives the future identity of our community.

In my time working with the leaders of this community I have seen how little by little each wave of new arrivals has beat back solitude with the emotion and force of memory. Year after year, those that arrive have looked for ways to integrate with others who have left their towns, their region, and the various Mexican states. Only a few years ago, Mexican South Philadelphia was a community of isolated young men, united in their objective to send money home to Mexico. Today it is a community of young families, planting roots here in order to raise their bicultural children in fertile ground. Just a few years ago it was common to hear "I am from such and such town [in Mexico]". Now we hear, "I am Mexican, from South Philadelphia."

For whom do we tell our stories and recount our dreams? For ourselves.

A living community thrives from the memories of its origins, celebrates the victories and struggles that it faces, and finds itself in the identity which its members are forming in every moment of their daily lives. Without our history, we are nothing. The challenge is to live telling our stories, thus building a space to create a common history. Our words are our weapon in social struggle, our collective memory on the street and within our homes, and the promise of our future in the dreams of our children.

The individuals who have shared from their hearts in these pages have dedicated themselves to the important task of giving birth to a community that is coming to understand its own identity in a foreign country. They have said without hesitation, "We are here". I hope that they may serve as pillars of light to illuminate the way for all of the new families, which together, day by day, bind their dreams together to create a new community nourished with hope.

Prefacio

Este libro combina los logros de JUNTOS, desde su creación hasta el presente, respecto a la organización de la comunidad mexicana y latina inmigrante que reside en el Sur de Filadelfia y la protección de sus derechos humanos, así como algunas historias orales de mexicanos residentes de esta área alrededor de los temas centrales de inmigración, adaptación, salud, educación, protección a los derechos laborales, el desarrollo de los pequeños comerciantes, los problemas sociales y la identidad cultural.

Gracias a una subvención de la Fundación Leeway de Filadelfia ha sido posible la publicación de este libro que esperamos muestre el rostro humano de los inmigrantes mexicanos y latinos del Sur de Filadelfia.

Con profundo agradecimiento a Zac Steele, Aurora Camacho de Schmidt, Daniel B. Browning y Shawn Dougherty.

Leticia Roa Nixon (Ahdanah)

Preface

This book brings together the achievements of JUNTOS, from its creation to the present, with respect to the organization of the Mexican and Latino immigrant community that resides in South Philadelphia and the protection of its human rights, as well as some oral histories of Mexican residents of this area around the central themes of immigration, adaptation, health, education, protection of worker's rights, small business development, social problems, and cultural identity.

The publication of this book, which we hope shows the human face of the Mexican and Latino immigrants of South Philadelphia, has been possible thanks to a grant from the Leeway Foundation of Philadelphia.

With deep gratitude to Zac Steele, Aurora Camacho de Schmidt, Daniel Browning, and Shawn Dougherty.

Leticia Roa Nixon (Ahdanah)

--Translation by Daniel B. Browning

JUNTOS

"Por una comunidad organizada de inmigrantes latinos en Filadelfia"

Marcha por los Derechos de los Inmigrantes

Quiénes Somos

JUNTOS es una organización de inmigrantes mexicanos y latinos, que tiene por finalidad organizar a la comunidad en demanda por sus derechos humanos, con la intención de generar el poder que nos permita lograr condiciones de vida justa en Filadelfia. La comunidad latina en Filadelfia está creciendo más rápido que cualquier otra comunidad según el censo del 2010, y creemos que es sumamente importante unirnos con las diversas comunidades del sur de la ciudad a favor de nuestros derechos. Nuestra estrategia para organizar a la comunidad consiste en proveer un espacio donde las redes sociales ya existentes pueden unirse y fortalecerse con el propósito de superar las condiciones injustas que experimentan nuestras comunidades.

Lo que Hacemos

JUNTOS utiliza una combinación de promoción de la alfabetización, procesos de desarrollo para formación de líderes, y la organización de la comunidad inmigrante, para poder desarrollar las herramientas que ayuden al avance económico y estimulen la participación activa en la vida cívica de la ciudad. La gran mayoría de nuestro trabajo se enfoca en el desarrollo de líderes, la organización de la comunidad, y conectar la gente con servicios sociales u otras organizaciones comunitarias. El desarrollo de liderazgo es un estructurado proceso que ayuda a la comunidad a aprender nuevas habilidades que directamente o indirectamente contribuyen a restaurar la participación de la comunidad en el proceso político.

Líderes nacientes de JUNTOS, la comunidad mexicana, y líderes comunitarios de otras organizaciones se reúnen regularmente en comités para discutir asuntos de liderazgo, principios básicos de organización, y asuntos de análisis y poder.

Lo que nos Distingue

JUNTOS es una de las únicas organizaciones en Filadelfia que organiza a comunidades recientes de inmigrantes. Pocas organizaciones tienen como propósito primordial el desarrollo de líderes en la comunidad. Somos una de pocas organizaciones en el sur de Filadelfia que promueve la participación de nuestra comunidad en todas las funciones de la organización.

Proyectos Actuales

- Derechos de padres de familia y jóvenes en las escuelas públicas
- Derechos del trabajador
- Derechos del inmigrante

Somos parte de una amplia red de organizaciones comunitarias. Trabajamos estrechamente con una variedad de organizaciones en Filadelfia que apoyan los derechos del inmigrante, los derechos del trabajador, y que luchan por las reformas escolares. Hemos colaborado con organizaciones comunitarias que han desarrollado experiencias exitosas de periodismo comunitario para producir videos que documentan el trabajo de JUNTOS al igual que los problemas que afectan a la comunidad inmigrante latina en el sur de Filadelfia.

Nuestra organización cree que nuestra habilidad de demandar justicia depende de cuanto **más poder podemos movilizar**. Debido a que muchas de las avenidas tradicionales para demandar este poder están cerradas para nuestra comunidad, la organización comunitaria es una opción poderosa para hacer que nuestra voz sea escuchada. Sin esta herramienta no lograremos nada en términos de cambio necesario en el sistema en nuestra comunidad, ciudad, estado, y a nivel nacional.

Nosotros vemos la organización comunitaria como el primer paso y el más crucial. Si no empezamos a crear poder en nuestra comunidad no estaremos entonces en posición de demandar responsabilidad a las instituciones locales y otros actores en la escena. Nuestra estrategia de justicia social está basada en construir una voz política para la gente que no tiene representación y que han sido excluidos a lo largo de sus vidas en diferentes lugares a donde ellos emigran. Existe una necesidad de promover el desarrollo de liderazgo entre los latinos en general pero en particular dentro de la comunidad inmigrante.

JUNTOS

2029 S. 8th St.

Philadelphia, PA, 19148

Teléfono: 215-218-9079

Correo electrónico: info@vamosjuntos.org

Página web: www.vamosjuntos.org

JUNTOS

"For an organized Latino Immigrant Community in Philadelphia"

Who We Are

JUNTOS is a an organization made up of Latinos and Mexicans with the goal to organize the community in favor of basic human rights in order to generate the power necessary to achieve just conditions in Philadelphia. According to the 2010 census, the Latino immigrant community is the fastest growing sector of Philadelphia, and we believe that it is essential that we stand in solidarity with the many diverse groups of this city. We provide a space where movement building takes place in order to challenge the injustices experienced in our communities.

How We Work

JUNTOS uses a process of literacy training, leadership development, popular education methodology, and community organizing in order to develop within the community the tools for economic advancement and to encourage active participation in the civic life of the City. The great majority of our work focuses on leadership development, community organizing, and referrals that connect individuals with social service needs and other community organizations. Leadership development is a structured process that allows community members to learn new skills that directly and indirectly restore the participation in the political process. JUNTOS' leaders, Mexican community leadership, and other grassroots leaders meet on a regular basis in committees to discuss leadership, community organizing campaigns and principals, and to analyze the structure of power in our City.

What Makes Us Different

JUNTOS is one of the only organizations in Philadelphia that organizes with recent immigrants. Very few organizations work with the objective to develop true community leadership. We are one of only a few organizations in South Philadelphia that encourages the participation and leadership of the community in every function and level of the organization.

Projects

- *The Rights of Immigrant Parents and Students in the Public School System and Higher Education*
- *Workers' Rights*
- *Immigrants Rights*

We are part of a wide network of community organizations. We work closely with other organizations in Philadelphia that support immigrant rights, workers' rights, and education reform. We have also worked with grass-roots organizations developing alternative media to document JUNTOS' work and explore problems faced by the immigrant community in South Philadelphia.

Our organization believes that we must build our analysis and community power in order to demand justice. Many traditional avenues have been closed for our community, and we see community organizing as a powerful tool to assure that our voices are heard at the local, city, state, and national level.

We believe that organizing is the first step to influence our local political institutions. We seek to build a political and social voice among people who have been excluded from the political and social scenes in their home countries and the country they have migrated to. There is a special need to build leadership within this community of Latino immigrants.

JUNTOS

2029 S. 8th St.

Philadelphia, PA, 19148

Phone: 215-218-9079

E-mail: info@vamosjuntos.org

Website: www.vamosjuntos.org

--Translation by Zac Steele

¡Aquí Estamos!
Breve Historia

Desde su fundación en 1682, Filadelfia ha sido una ciudad de inmigrantes. Durante más de tres siglos, nuevos inmigrantes se han establecido en el Sur de Filadelfia porque la vivienda es económica y está cercana a lugares de trabajo. A principios de 1900, los irlandeses y alemanes fueron reemplazados por italianos y judíos. En los 1970s, la población comenzó a cambiar con la llegada de camboyanos e indonesios. Más recientemente, el Sur de Filadelfia ha sido el hogar de una creciente comunidad mexicana.

Los mexicanos que residen en el Sur de Filadelfia se han convertido en la comunidad mexicana de más rápido crecimiento en la ciudad.

Fue en los 1910s y 1920s, cuando un grupo pequeño de mexicanos emigró a Filadelfia en busca de trabajos y la mayoría encontró trabajo en agricultura, construcción y en los ferrocarriles. Se establecieron típicamente en los vecindarios puertorriqueños. Durante la Primera Guerra Mundial se reclutaron a mexicanos para que se vinieran a vivir a los Estados Unidos y trabajaran en los ferrocarriles. En los 1970s, otra ola de mexicanos llegó a Filadelfia, esta vez eran hombres y mujeres.

Después de 1998, una gran concentración de mexicanos vive en el Sur de Filadelfia en una zona de cuatro millas, entre Washington y Oregon, Front y la calle 18.

El Sur de Filadelfia está delimitado por la calle South hacia el norte; el río Delaware al este y sur; y el río Schuykill River al oeste. Es el hogar de una población diversa que incluye a italo-americanos, afro-americanos, irlandeses-americanos, camboyanos, mexicano-americanos, mexicanos, así como a nuevos inmigrantes. Muchos residentes han vivido en este vecindario durante décadas.

¡Aquí Estamos!

Brief History

From the time of its founding in 1682, Philadelphia has been a city of immigrants. Over three centuries, new immigrants settled in South Philadelphia because of the affordable housing, and convenience to places of work. In the 1900's, The Irish and Germans were being replaced primarily by Italians and Jews. By the 1970s, the population started to shift again, with the influx of Cambodian, and Indonesian. Most recently, South Philadelphia has been the home to a growing Mexican community.

Mexicans who reside in South Philadelphia have become the fastest growing Mexican community in the city.

It was in 1910's and 1920's, when a small group of Mexican men migrated to Philadelphia in search of jobs and most of them found work in agriculture, construction, and on the railroads. They typically moved into established Puerto Rican neighborhoods. During World War II, Mexican men were recruited to come live in the United States and work on railroads. In the 1970's, another wave of Mexicans came to Philadelphia — this time men and women.

After 1998, the largest concentration of Mexicans was within a 4-mile region, between Washington and Oregon Avenues and Front and 18th Streets.

South Philadelphia is bounded by South Street to the north, the Delaware River to the east and south, and the Schuykill River to the west. It is home to a diverse population of Italian Americans, African Americans, Irish Americans, Cambodians, Mexican Americans, as well as many newer immigrants. Many residents have lived in the neighborhood for decades.

¡Aquí Estamos!

Filadelfia y la Migración Mexicana

"La considerable inmigración mexicana a Filadelfia comenzó a mediados de los 1990s, cuando la ciudad se estaba recuperando de una profunda recesión y de casi un desastre económico. En este contexto, el discurso de la revitalización de la ciudad incluía los inmigrantes en cuanto a que representaban oportunidades para apoyar el modo de producción con base en el conocimiento y crear pequeños negocios cruciales para la supervivencia de la ciudad. La mayoría de las conversaciones acerca de la floreciente población mexicana realzan los nuevos restaurantes étnicos en el Sur de Filadelfia mientras que diluyen la falta de los servicios apropiados en español, la explotación laboral y la tensión racial en el vecindario. La parte oculta de la discusión es que los inmigrantes se mudan a vecindarios achacosos y los reviven mientras que llenan los huecos en el tejido de una economía flexible aceptando trabajos que 'ciudadanos no quieren hacer'.

Una mirada a la inmigración mexicana en Filadelfia revela qué tan fácilmente el trabajo explotador domina a los sectores menos deseables de la economía. Siguiendo las tendencias recientes en los Estados Unidos, la mayoría de los mexicanos vienen a Filadelfia sin permiso (los llamados extranjeros ilegales) y deben por lo tanto vivir y trabajar en la ignominia. Desde los callejones del centro de la ciudad, una mirada breve en las cocinas de virtualmente cada restaurante revela hasta que grado se depende de los mexicanos y otros inmigrantes latinos para aceitar las ruedas económicas de la ciudad. Menos visible son los mexicanos no sindicalizados que trabajan en los campos construcción, la jardinería y conserjería en las oficinas de parques suburbanos. Filadelfia también está experimentando un aumento en el número de mujeres inmigrantes, la mayoría de las cuales trabaja en fábricas donde se explota a los obreros o en la industria ligera como empacadores de alimentos, usualmente al contentillo de sub-contratistas engañadores.

--Peter Bloom, artículo en la revista Progressive Planning titulado "Immigrant Rights and Community Building in a State of Xenophobia", Invierno del 2007.

Peter Bloom es el co-fundador y el primer director ejecutivo de JUNTOS.

Philadelphia and Mexican Migration

"Substantial Mexican immigration to Philadelphia began during the mid-1990's, when they city was recovering from deep recession and near economic disaster. In this context, the city's revitalization discourse included immigrants insofar as they represented opportunities to support the knowledge-based mode of production and create small businesses critical to the city's survival. Most conversations today about the budding Mexican population highlight new ethnic restaurants in South Philadelphia while downplaying the lack of language-appropriate services, labor exploitation and racial tension in the neighborhood. The underside of the discussion is that immigrants move into ailing neighborhoods and revive them while also filling holes in the fabric of the flexible economy by taking jobs 'citizens don't want to do'.

A look at Mexican immigration in Philadelphia reveals how easily exploitable labor dominates the least desirable sectors of the economy. Following recent trends in the United Sates, most Mexicans have come to Philadelphia without permission (as so-called illegal aliens) and must therefore live and work in ignominy. From the back alleys of Center City, a brief look into the kitchens of virtually every reveals the extent to which Mexicans and other Latino immigrants are relied upon to grease the economic wheels of the city. Less visible are Mexicans working in non-union construction, landscaping and housekeeping fields at suburban office parks. Philadelphia is also experiencing an increase in the number of women immigrants, most of whom work in textile sweatshops or in light industry as food packers, usually at the whim of fly-by-night subcontractors."

--Peter Bloom, Progressive Planning Magazine article "Immigrant Rights and Community Building in a State of Xenophobia", Winter 2007

Peter Bloom is the co-founder and first Executive Director of JUNTOS.

LOS PIONEROS / THE PIONEERS

Los trabajadores del campo mexicano son los que se ven más afectados con los tratados comerciales internacionales como NAFTA, al no contar con equipo y capital para competir contra las compañías transnacionales y se ven obligados emigrar.

Workers from rural Mexico are those most impacted by free trade agreements, like NAFTA. Without the equipment and capital to compete against transnational companies, they are forced to emigrate and look for work.

Don José María Lucero García

Don José María Lucero García

"Mi nombre es José María Lucero García. Nací en Tulcingo del Valle, Puebla. Nací el 10 de agosto de 1941. Mi esposa se llama María Nieves Mora de Lucero. Mi hija se llama Ludivina Lucero Mora. Mis hijos son Armando Lucero, David Lucero y Silvestre Lucero. Tres hijos tengo.

Me salí de allá y me vine últimamente por la razón de mantener a mis hijos para tenerlos en una nueva vida, en una nueva etapa para que no se criaran como yo, en la pobreza, en la ignorancia, porque no sé casi leer ni escribir.

A la edad de once años empecé el trabajo y a la edad de 16 años me vine a México a la capital. Por ahí anduve trabajando.

En 1960 me vine para California, a la frontera y no pasé luego. Aquí tengo [mi mica] mírela para que no digan que yo nomás digo. Esa es la fecha en que entré a los Estados Unidos en 1962, el último de enero fue que entré a los Estados Unidos.

Pero mi vida fue mucho más antes triste porque anduve en las fronteras pizcando algodón, pizcando muchas cosas ahí para trabajar, para mandarle a mi papá a mi mamá pues ya estaban avanzados pues no teníamos lo suficiente, ninguna prenda, bueno, absolutamente nada.

Bueno, después anduve y trabajé y tenía mi casita allá [en Tulcingo del Valle] y de vuelta me vine a Estados Unidos cuando yo me casé; y ya también eso era para que mis hijos tuvieran otra vida que ya no fuera como la que tuve yo y bendito sea Dios que nos ha ayudado, nos ha bendecido por razón de que en todo el tiempo que la persona trabaja buenamente pues Dios lo ayuda. Estoy muy feliz muy contento con mi esposa, mis hijos, mi hija.

Yo me vine primero como turista, después me vine como solemos venir y después de que yo arreglé papeles con la amnistía ahí arreglé a mi esposa y arreglé a mis hijos.

Después de California yo vivía allá en Nueva York, más o menos como treinta y tantos años porque entré en 1971. Estando en Nueva York yo no ahorraba dinero porque yo tenía a mi papá y mi mamá. Tenía yo que mantenerlos y darles un poco, no mucho, pero daba también a mi familia mis hijos pues allá es más caro y aquí (Estados Unidos) pues uno gana poco. El que no sabe inglés gana muy poco.

Yo trabajaba en un restaurante de unos italianos. Ahí estuve trabajando 16 años en ese restaurante y esos patrones son los me ayudaron mucho para la amnistía en el '86.

Me sentía triste y solo porque en el aquel tiempo que yo estaba aquí andaban mucho sobre la inmigración. Levantaron a mucha gente donde vivíamos en los edificios. Hubo un tiempo en que agarraron a muchos del pueblo. Fueron 75 a 76 personas que agarraron de mi solo pueblo [Tulcingo del Valle] en una mañana. Sí, en aquel tiempo había muchas redadas. No se escapaba uno para nada.

A mí me agarraron en el restaurante también pero pues estuve como mes y medio porque había bastante gente, no podían sacar a la gente [del país] y a mí ya me mandaron para Chicago y de Chicago ya me mandaron para México y ya. La verdad es que uno no tenía ahora sí como dicen ni pies ni cabeza porque te mandaban por un lado y por otro. Pero de todos modos salimos adelante. Llegamos a cualquier frontera y yo como había conocido todos los lugares, pues ya no tenía miedo. Salí en tal parte pues ahora me voy a tomar los autobuses que van para la terminal de Los Cien Metros. ¿Sabe Los Cien Metros que es muy grande? Ahí llegamos porque antes estaban las terminales por el Anillo de Circunvalación.

Sí, yo a México lo conocí bastante porque pasé muchos años ahí y conocí todo México. Como yo soy albañil trabajaba yo en eso de los detallistas poniendo espejos. Usted me encontraba frente al Zócalo con mi cajoncito y con mi letrero. Ahí nos sentábamos con nuestras herramientas, la herramienta estaba adecuada para el trabajo que íbamos a hacer.

Ya en Nueva York empecé a lavar platos después me pasaron al Salad Bar a preparar puras verduras puras ensaladas. Estuve como seis meses lavando platos. Logré hacer lo que los clientes pedían. Yo no sé inglés pero como me hablaban en español nunca aprendí inglés. Fui a la escuela pero no aprendí ahí al frente del Madison Square donde hay un hotel, restaurante y escuela. Luego estuve también allá en Queens. También fui a la escuela y no aprendía. Bueno dije ya no voy a aprender, ya en dos partes traté, no sé si los maestros no sirvieron o yo no sirvo.

Conocía a Nueva York bastante. Nueva York es bonito para pasear y todo eso. Hay más ambiente referente a los servicios de trenes, bueno, allá hay mucho servicio. En aquel tiempo nosotros comprábamos las rebajas en la 42; frente a la terminal de los Greyhounds había una agencia. Comprábamos los pasajes, nos daban nuestro mapa y nos marcaban a dónde nos íbamos a bajar y ahí nos metíamos y ahí íbamos marcando y ahí va ahí va y así fue como empecé a aprender.

De Nueva York ahí me vine para acá (sur de Filadelfia). Tengo tres años acá y yo me vine para acá por mi hija que buscó este lugar. Entonces yo tenía que venirla siguiendo y apoyarla para que no quede sola, como ella estaba sola, entonces ella quería abrirse paso también. Entonces le dije a ella, 'está bien hija, tienes derecho' pues y como yo te digo yo me voy contigo, no tengas miedo. Y así fue que nos venimos para acá por mi hija que ella quiso abrirse paso.

Mi hija tenía una amiga aquí y esa fue la que vio este lugarcito [Alianza Express]. Nomás nos venimos ella se vino así y yo me vine también así nomás a lo derecho. Le digo 'pues hija como dice el dicho luchando no se pega el pinto.'

En comparación con Nueva York, Filadelfia me parece muy bien porque hay más libertad. Hay menos tráfico. Bueno, para mí se me hace más fácil. Hay más restaurantes mexicanos. Está más calmado que allá. Creo que está más calmado por el tráfico y pues yo ahora sí que donde quiera me hallo. Ahora he estado un poco enfermo de las piernas y casi no he andado.

Da gusto ver a los mexicanos a nuestros paisanos pero para mí todos son buenas gentes pues a mí no me molestan. Se siente uno contento porque estás hablando con tu misma sangre. Me siento muy contento muy alegre de convivir con nuestra familia porque es nuestra familia es de nuestro país. Lo bueno es que uno es bueno y sano, esa es la base principal de la salud de uno y de la familia que lo demás pasa.

Durante el día me levanto y hago el aseo de todo, limpio todo y me voy a echarme mi cafecito. Salgo y me voy a dar la vuelta luego voy a comprar alguna cosa. Dice mi esposa, 'vete a comprar esto'. Me voy y no es porque me mande sino porque quiero ir. Vivo con mi esposa, mi hija y su esposo en el segundo piso de este lugar [Alianza Express]. Mis dos hijos están en Nueva York.

Acabo de regresar de mi pueblo Tulcingo del Valle el 13 de abril. Me quedé poquito nomás de seis meses. Mi madre murió hace tres años y mi padre como hace 12. Tengo a mis tres hermanas en Tulcingo. Éramos cuatro y murió una hermana, la mayor. Viven tres una casada y dos no son casadas. La soltera vive en la casa que era de mi papá. Mis hermanas viven en un solar que nos dejó mi papá y todos los días nos vemos.

Cuando estoy en Estados Unidos nos comunicamos por teléfono y hablamos. No me comunico por computadora porque las computadoras no me pueden ver.

Tulcingo ya es un pueblo más grande ya tiene más lujo ya se ve de otra categoría. El palacio allá tiene otra vista. Ya no es como cuando yo me vine. El palacio ya es de dos pisos antes era de teja y ahora es un palacio muy lindo muy hermoso. Arreglaron todas las calles están bien pavimentadas. El gobierno es el que ha arreglado todo eso. Este presidente [Felipe Calderón] es el que ha arreglado.

Yo vivo en la calle Simón Bolívar y esa calle va directamente hasta el camposanto y toda esa calle está pavimentada y antes no. Hasta da gusto dar un paseo porque está uno viendo lo que están haciendo. Está muy bonito no es porque sea mi pueblo, pero ahora está más arreglado.

Para el tiempo que me vine para acá habíamos más o menos como unas 20 personas que habíamos salido aunque había otras personas que estaban en Estados Unidos antes que yo. De ahí nos empezamos a venir a escribir a los amigos y ahí vienen. Ahora no, hay bastante gente de Tulcingo hasta restaurantes tienen allá en Nueva York. De Tulcingo conozco a la señora Lupe y a su esposo aquí en el sur de Filadelfia. Es la única que he visto.

Ahí que le digo. Yo así luché mucho mucho solito también sin familia sin familia sin nada y sin saber leer, sin saber inglés, bueno completamente nada. Todo está en que uno ponga uno de su pensamiento bueno para un beneficio de la familia porque si eso no hace uno, que todo el tiempo en una cosa una cosa, pienso que nunca se logra nada."

Don José María Lucero García

"My name is José María Lucero García. I was born in Tulcingo del Valle, in Puebla. I was born on August 10, 1941. My wife is named María Nieves Mora de Lucero. My daughter is named Ludivina Lucero Mora. My sons are Armando Lucero, David Lucero, and Silvestre Lucero. I have three sons.

I left there and recently came here for the sake of supporting my children, to take them into a new life, in a new phase, so that they don't grow up like me, in poverty, in ignorance, because I almost don't know how to read or write.

At the age of eleven I started work, and at the age of fifteen I came to México, to the capital. I walked over there working.

In 1960, I came to California, to the border, and I didn't cross then. Here I have [my green card], look at it so that they don't say that I'm just talking. That is the date on which I entered the United States in 1962, the last day of January was when I entered the United States.

But my life was much sadder back then because I walked on the borders picking cotton, picking a lot of things there for work, to send to my father, to my mother, as they were already of advanced years, as we didn't have enough, no clothing, well, absolutely nothing.

Well, later I walked and I worked and I had my little house over there [in Tulcingo del Valle] and I came back to the United States when I married; and also so that was so my children would have another life that wouldn't be like that which I'd had. And blessed be God who has helped us, we have been blessed, because the whole time a person works well, God helps him. I'm very happy, very content, with my wife, my sons, my daughter.

I came first as a tourist, then I came as we tend to come, and after I sorted out papers with the amnesty over there, I arranged for my wife and I arranged for my children.

After California I lived over in New York, more or less thirty something years because I came in 1971. Being in New York I didn't save money because I had my father and mother. I had to support them and to give them a little, not much, but I also gave to my family, my children, because it's more expensive over there and since here [the United States] one earns little. Whoever doesn't know English earns very little.

I worked in a restaurant owned by some Italians. I was working there for sixteen years in that restaurant and it was those employers who helped me a lot with the amnesty in '86.

I felt sad and lonely because at that time that I was here they were doing a lot about immigration. They picked up a lot of people where we lived in the buildings. It was a time when they caught a lot of the people. There were seventy five to seventy six people that they grabbed from my town alone [Tulcingo del Valle] in one morning. Yes, there were a lot of raids at that time. You couldn't escape at all.

They grabbed me in the restaurant as well but, well, it took like a month and a half because there were plenty of people, they couldn't take the people[from the country], and they still sent me to Chicago, and from Chicago they sent me to Mexico. The truth is that one didn't use to have, yes, like they say, neither feet nor head, because they sent you from one side to the other. But in any case, we went ahead. We arrived at any border and because I knew all the places already I wasn't afraid. I went to a part where I now go to take the buses that go to the Hundred Meters terminal. You know the Hundred Meters, which is really big? We arrived there because the terminals used to be by the beltway.

Yes, I knew Mexico quite well because I spent many years there, I knew all of Mexico. As I'm a builder, I worked in that retailer's trade of putting in mirrors. You could find me in front of the Zócalo with my tool box and my sign. We used to there sit with our tools, the tool was suitable for the work that we were going to do.

Later in New York I started off washing dishes, then they passed me on to the salad bar to prepare just vegetables, just salads. I spent around six months washing dishes. I managed to do what the customers asked. I don't know English but because they're speaking to me in Spanish I never learned English. I went to the school, but I didn't learn there, at the front of Madison Square, where there's a hotel, a restaurant, and a school. Then I was also over there in Queens. I went to that school, too, and I didn't learn. Well, I said, I'm not going to learn anymore, I've already tried in two places, I don't know if the teachers were no good or I'm no good.

I knew New York quite well. New York is nice for going on walks and all that. There is more of an atmosphere regarding the train services, well, there's a lot of service over there. At that time we used to buy discounts on 42nd; in front of the Greyhound terminal there was an agency. We would buy tickets, they gave us our map, and they marked for us where we were going to get off. And there we got in there, and there we were, marking, and there it goes, there it goes, and so it was that I started to learn.

From there in New York I came here [South Philadelphia]. I've been here three years and I came here for my daughter who found this place. So I had to come here and support her so that she didn't stay alone, because she had been alone. Anyway, she wanted to get ahead, too. Then I said to her, "It's okay, daughter, you're right", well, and like I'm telling you I'm going with you, don't be afraid.

¡Aquí Estamos!

And so it was that we came here for my daughter because she wanted to get ahead.

My daughter had a girlfriend here and it was she who saw this little place [Alianza Express]. As soon as we've come, she came as well, and I also came, just like that. I tell her, "Well, daughter, as the saying goes, struggling won't make the paint stick."

In comparison with New York, Philadelphia seems very nice to me because there's more freedom. There's less traffic. Well, for me it makes it easier. There are more Mexican restaurants. It's calmer than over there. I believe that it's calmer because of the traffic, and, well, now I know that it's where I want to be. Now I've been having a little trouble with my legs and I've hardly been walking.

It gives me pleasure to see our fellow Mexicans, but for me they're all good people, so they don't bother me. One feels content because you're speaking with your own blood. I feel very content, very happy, to live together with our family because it's our family, it's from our country. The good thing is that one is good and healthy, that's the main foundation of the health of the individual and the family that surpasses the rest.

During the day I get up and I tidy everything up, I clean everything, and I go to start my cup of coffee. I leave and I'm going to turn around, then I go buy something. My wife says, "Go buy this." I go and it's not because she sends me but because I want to go. I live with my wife, my daughter and her husband on the second floor of this place [Alianza Express]. My two sons are in New York.

I just returned from my town Tulcingo de Valle on April 13. I stayed a little while, just six months. My mother died three years ago and my father around 12 years ago. I have three sisters in Tulcingo. We were four and one sister died, the eldest. The three live there, one married, and two single. The unmarried live in the house that was my father's. My sisters live on a plot that my father left us and we see each other every day.

When I'm in the United States we communicate by telephone and we talk. I don't communicate by computer because computers can't see me.

Tulcingo is now a larger town and it has more luxury, it's already in another category. The palace there has another look. It's no longer as it was when I came. The palace has two stories now. It used to be tiled and now it's a very lovely, very beautiful palace. They repaired all the streets, they're well paved. The government is what's repaired all this. This president [Felipe Calderón] is who has repaired it.

I live on Simón Bolívar Street and that street goes directly towards the cemetery and all that street is paved, and it wasn't before. It's even a treat to take a walk because one sees what they're doing.

It's very nice, not because it's my town, but because it's more fixed up now.

By the time I came here we had more or less some twenty people who had left, although there were other people that were in the United States before me. From there we started to come to write to friends, and they come there. Now, no, there are enough people from Tulcingo, they even have restaurants over there in New York. From Tulcingo I know Ms. Lupe and her husband here in South Philadelphia. She's the only one I've seen.

That's what I say. I struggled so much, so much, all alone, too, without family; without family, without anything, and without knowing how to read, without knowing English, well, completely nothing. Everything relies on one putting his thinking, well, for the benefit of the family, because if one doesn't do that, so that it's on one thing, all the time, one thing, I think that never you achieve anything."

--Translation by Daniel B. Browning

Doctor José Castillo Hita
(1928- 2009)

Doctor José Castillo Hita and Berenice Robles

Nacido en Chalco, estado de México, José Castillo Hita decidió convertirse en doctor a la edad de 16 años, después de permanecer al lado del lecho de su madre quien murió de cáncer cervical.

¡Aquí Estamos!

Estudió en la Facultad de Medicina de la Universidad Autónoma de México con una beca, luego trabajó como un doctor rural especializado en ginecología antes de inscribirse en el Instituto México-Americano de Relaciones Cultural para estudios posteriores. Después de escuchar mucho acerca de los Estados Unidos y ansioso de ver un hospital americano, Castillo aprendió el inglés rápidamente para participar en un programa de intercambio de la escuela.

Fue enviado a los Estados Unidos con dos alumnos y ocho alumnas, una de ellas era Nelia, quien después se convertiría en su esposa.

Fue asignado a un doctor de Missouri quien lo llevó al Hospital St. Barnes en San Luis y le ayudó con sus documentos para que pudiera regresar como interno. Asistió a la Universidad de Washington como cirujano interno y más tarde recibió su licencia de cirujano general, plástico reconstructivo. Se convirtió en médico voluntario en Vietnam, en medicina reconstructiva y posteriormente fue especialista en Cáncer en el Centro Sloan-Kettering de Cáncer en el Hospital Memorial de la ciudad de Nueva York.

En 1970 vino al Hospital de la Universidad Jefferson de Filadelfia, donde fue profesor auxiliar por cinco años antes de abrir su propio consultorio de cirugía plástica en 1976. Aparte de mantener su práctica privada, realizar innumerable proyectos caritativos sirviendo a las comunidades pobres latinas y de envejecientes, de instalar clínicas móviles para los trabajadores de los hongos en Kennett Square, Castillo encontró tiempo para ser el anfitrión de un programa de televisión en cable en español acerca de la salud. Incluso tuvo una aparición breve en la película *Philadelphia* de Tom Hanks.

Fuente: Artículo "Dispensing Trust" por Kate Kilpatrick en el semanario Philadelphia Weekly.

El Doctor Pepe Castillo falleció el 25 de mayo del 2009 y su recuerdo perdura en los corazones de los miles de mexicanos que atendió generosamente.

¡Aqui Estamos!

Jose Castillo Hita, MD
(1928-2009)

Born in Chalco, in the State of Mexico, Jose Castillo decided to become a doctor at age 16, after keeping vigil at his mother's bedside as she died of cancer of the cervix.

He attended the University of Mexico City medical school on a scholarship, then worked as a rural doctor specializing in gynecology before enrolling in the Mexican-American Institute of Cultural Relations for further study. Having heard much about the U.S. and wanting desperately to see an American hospital, Castillo learned English quickly so he could participate in the school's exchange program.

He was sent to the U.S. with two male students and eight females-one of whom, Nelia, became his wife.

He was assigned to a Missouri doctor, who took him to St. Barnes Hospital in St. Louis and helped him with his papers so he could return as an intern. He attended Washington University as a surgical intern and was later licensed as a general, plastic and reconstructive surgeon. He became a medical volunteer in Vietnam, performing reconstructive surgery, and later became a cancer specialist at Memorial Sloan-Kettering Cancer Center at Memorial Hospital in New York City.

In 1970 he came to Jefferson University Hospital, where he was an assistant professor for five years, before opening up his own plastic surgery practice in 1976. Between maintaining his private practice, managing countless charitable projects serving the Latino poor and elderly communities, and setting up mobile clinics for mushroom workers in Kennett Square, Castillo also found time to host a Spanish language health program on cable TV. He even made a brief appearance in the Tom Hanks movie *Philadelphia*.

Source: Article "Dispensing Trust" by Kate Kilpatrick in the Philadelphia Weekly.

Doctor Pepe Castillo passed away on May 25, 2009 but his memory will endure in the hearts of the thousands of Mexicans he generously assisted.

Gabriel Bravo

Gabriel Bravo

Dueño de los restaurantes "La Lupe" y "Fiesta Acapulco"

"A principios de los '70s los oriundos de Tulcingo del Valle, estado de Puebla, se empezaron a venir a los Estados Unidos como parvadas a la ciudad de Nueva York cuando varios de ellos se ganaban entre $3.00 y $3.50 la hora.

Aunque fueran tres dólares estamos hablando de treinta y tantos pesos la hora. Se imagina allá[en Tulcingo del Valle] se ganaban cinco pesos al día. En ese tiempo estaba a 12.50 pesos. Y uno decía ¡wow! Son treinta y tantos pesos la hora. Yo cuando me vine a los Estados Unidos estaba a $750 pesos la pasada. Le digo se empezaron a venir gente de mi pueblo. Ellos son pioneros de haberse venido para acá.

¡Aquí Estamos!

Viví en Nueva York como 15 años estaba yo como en una tienda no sé si usted conoce Nueva York, en la calle catorce . Era de españoles- americanos y tenían algunos productos mexicanos.

Hacíamos línea para comer ahí era el único lugar. Después se empezaron a abrir tortillerías. En un reportaje que hizo Don Francisco hicieron una encuesta que mostraba que la mejor tortilla se hace en Nueva York. Antes no había molino para moler el maíz para las tortillas.

Empezamos a cocinar mole pero sabía como axiote no sabíamos cocinar le poníamos chile pero un muchachito de 15 años que iba a saber. Yo aprendí a cultivar el campo en Tulcingo del Valle, ¡pero qué iba yo a saber de cocinar!

Yo llegué como todo inmigrante empezando lavando platos. Lavé platos por muchos años. Y después creo que en el '87 fue empecé a manejar un taxi en el Bronx por allá como dos años. Creo que del '88 al '90. Después tuve mi taxi amarillo y uno tenía que conocer la ciudad y tener un poco más de conciencia. Yo he visto a personas de varias nacionalidades manejando taxis amarillos y casi ni se pueden comunicar. Y yo decía yo no voy a poder entender lo que me digan. Luego obtuve mi licencia para manejar y uno tenia que tomar 16 horas de clases. Tenia que pasar también el examen de inglés. En esos cinco años como taxista me robaron tres veces."

Vino a visitar a unas amistades en el Sur de Filadelfia y le gustó el vecindario. Pronto alquiló el espacio comercial en las calles 9 y Federal donde se encuentra su restaurante "La Lupe".

"In the early 1970s, natives of Tulcingo del Valle, State of Puebla, began to arrive in the United States as a batch of newly hatched chicks locating in New York City where several of them earned between $3.00 y $3.50 per hour. Even if it was $3, we're talking about 30 pesos per hour. Can you imagine? There [in Tulcingo del Valle] you earned five pesos per day. At that time the dollar rate was of 12.50 pesos. And one would exclaim wow! It's over thirty pesos per hour.

When I came to the United States the person who helped you crossed the border charged $750 pesos. I tell you, people from my home town started to come over. They were the pioneers of coming over here.

I lived about 15 years in New York, I was working in a store on 14th street, I don't know if you know New York. The owners were Spanish-Americans and have some Mexican produce.

We stood in line to there because it was the only place. Then the tortilla shops started opening. In a feature that Don Francisco did, a survey showed that the best tortillas are from New York. In the past there were no mills to grind the corn for the tortillas.

We start to cook mole but it tasted like axiote, we didn't know how to cook with would use chile, but what was a 15-year old teenager know about it! I learned ho to cultivate the land in Tulcingo del Valle but what did I know about cooking?!

As many immigrants, I started as a dish washer. I did that for many years. And after that I think it was about '87 that I began to drive a cab there in the Bronx for about two years. I believe it was from '88 to '90. Afterward, I had my yellow cab and you had to know the city and to be more aware. I have seen people from various nationalities driving yellow cabs and they can hardly communicate. And I would say to myself that I wouldn't be able to understand what the customers said. Then I got my driver's license and you had to take 16 hours of classes, and I had to pass the English exam. In those five years as a taxi driver I was robbed three times."

He came to visit some friends in South Philadelphia and he liked the neighborhood. He soon rented a commercial space at the corner of 9th and Federal where his restaurant "La Lupe" is located.

--Translation by Leticia Roa Nixon

Abel Ortiz

Abel Ortiz

Dueño de la tienda Mr. Rodeo

"Mi nombre es Abel Ortiz. Mi papá era de Santa Julia, cerca de Pachuca, Hidalgo y mi madre de San Cristóbal de las Casas, Chiapas. Ellos se fueron a la ciudad de México-- ¿se acuerda que antes llegaba mucha gente a la ciudad de México?—y ahí se conocieron. Yo nací en Santa Isabel Tola a un ladito de Los Indios Verdes. No fui criado en la ciudad de México.

De ahí nos fuimos a San Juanico donde crecí. A los 22 años me casé y después nació uno de mis hijos. Luego pasó lo de la explosión de San Juanico [1984], lo del terremoto [1985] y entonces me salí de allí. Me fui para Coacalco donde estuvimos viviendo algunos años. Tengo más años viviendo en Estados Unidos que en México en mi etapa de casado.

Ya tengo aquí en Filadelfia como 19 años. Antes estuve viviendo un año y medio en Nueva York era un poquito medio locochón vivir ahí. En el poco tiempo que yo estuve viviendo ahí me di cuenta que entre mexicanos, puertorriqueños y dominicanos y la gente de sangre morena no nos llevamos muy bien. Yo pienso que hay razas que no nos podemos llevar bien; todos tenemos diferentes culturas y diferentes formas de vivir. Entonces yo dije si me voy a traer a mis hijos acá a Nueva York, pues como que no. Para eso yo ya tenía un amigo aquí en Filadelfia, José Luis Balbuena, y le pregunté cómo era ahí para traer a mis hijos. Me dijo que está todo tranquilo mucho mejor que Nueva York, vente pa'cá y fue como me vine pa'cá.

Yo tenía mi visa y afortunadamente no tuve que pasar por los peligros que luego pasan la mayoría de mis paisanos. Como yo siempre he dicho, mis respetos a todo aquél que se pasa por el río, por el desierto, mis respetos, porque nadie sabe de verdad el arriesgue que uno pasa por venirse por ahí y es que da uno la vida por venirse para acá. Muchos no lo saben, no lo logran entender, muchos han dejado la vida, muchos se han quedado ahí en la línea. Gracias a Dios toda mi familia y yo pudimos pasar bien.

Mi trabajo es mecánico de mantenimiento, arreglar máquinas. Yo trabajaba en una empresa donde pude sacar mi visa. Yo era un buen mecánico. Hablé con el ingeniero y le dije, sabe qué, mire mis planes es llevarme a mi familia a pasear y todo eso y me dieron unas cartas de recomendación para la Embajada Americana y rápido me dieron mi visa para mí. Ya después fui a sacar la de mis hijos, la de mi esposa y entonces para mí no se me hizo nada difícil el pasar para acá y aquí me quedé en Filadelfia. Hasta la fecha no he ido a México. Extraño yo mucho mi patria, mi familia, pero esperemos que en este año siempre sí se pueda y es que la vida aquí de veras se va rápido, no se siente, y esperando a ver si el día de mañana. Ojalá Dios haga algo porque yo en realidad tengo muchas ganas de ir a México, a mi país, ya tengo casi 20 años sin ir para allá. Luego le hablo a mis familiares y me dicen oye qué pasó ya te olvidaste de aquí.

Hubo un tiempo en que yo pensaba seguido cuándo me voy a ir, cuándo me voy a ir, pero es una cosa que uno se mete mentalmente y muchas veces eso en estar pensando en irte muchas veces uno mismo se forma una barrera. Ni puedes vivir bien aquí ni estás allá. Entonces yo me acuerdo que yo le dije a mi esposa, pues sabes que vamos a hacer. Yo no quería comprar herramienta—y a mí me gusta mucho la herramienta—porque dije voy a comprar herramienta y luego para llevármela y todo eso que se quede mejor.

Pero como le digo, una vez dije no vamos a vivir bien aquí o que y empecé a comprar. Sí, es una barrera que uno brinca al dejar de pensar cuándo me voy a ir. Vamos a vivir aquí bien el día de mañana Dios dirá y empecé a encontrar mejor trabajos.

Yo aquí me hice pintor. Yo no sabía pintar. Yo le pinté la casa a un arquitecto. Yo creo que la misma necesidad nos hace a uno ser; creo que como que uno se perfecciona. Entonces me acuerdo que le dijeron a mi esposa —ella limpiaba la casa de este matrimonio—si ella sabía de un pintor y me esposa les dijo, mi esposo sabe pintar. ¡Cuál! Yo no sabía pintar y le dije a mi esposa dile que sí, yo se la pinto pues no ha de ser muy difícil por nomás tener cuidado como hacerle y llevar las líneas derechitas y todo eso. Y sí, le pinté la casa al arquitecto y quedó contento, fíjese. Le hice un trabajo que le digo yo sin saber, sin ser pintor, me aventé a hacérselo. Quedó contento y él mismo me recomendó como con seis personas de su misma cuadra que yo a ellos también les pinté sus casas.

Gracias a Dios he tenido mucha gente que a base de mi trabajo me las he ganado. Yo no me considero profesional profesional, pero cuando me dedico a hacer un trabajo trato de hacerlo lo mejor. Pero yo pienso que es una de las bases, una de las formas que uno usa para poderse abrir puertas. No es nomás hacer un trabajo por hacerlo, no. Yo pienso que hay que hacer un trabajo que en realidad la gente se dé cuenta de la clase de trabajo que uno les está dando para que ellos mismos nos ayuden a colocarnos en otro lugar, ¿si me entiende?

Yo cuando entro a un lugar trato de dar lo mejor de mí. Trato de hacerles un buen trabajo y de caerle bien a la gente. Yo no le puedo decir a nadie que me ha ido mal, al contrario yo le doy gracias a Dios de que salido adelante, de que he caído en hoyos como cualquier otro, pero también he sabido salir y pienso que eso es parte de cada uno. Muchos caemos pero tenemos que salir adelante, tenemos que seguir y luchando luchando. Si te dejas vencer yo pienso que no tendría caso estar aquí. Hay que echarle ganas a la vida hay que echarle muchas ganas a la vida y pues es la forma de seguir adelante luchando luchando luchando.

Antes de tener mi tienda, Mr. Rodeo, yo tuve otro negocio. Yo trabajaba en una pizzería. Yo hacía pizza *delivery* y me robaron dos carros y una vez me sacaron la pistola me robaron las pizzas y el dinero. Me dije, ya no quiero hacer *deliveries*."

Don Abel vio un lugar vacío para un negocio y aunque su esposa lo apoyaba también le decía la verdad y que se pusiera a pensar que no sabía de tiendas ni tenía dinero.

"Pero yo tenía eso en mente. Yo agarro de mí adentro que en Estados Unidos se pueden hacer muchas cosas. Las ganas que yo tenía de poner un negocio fueron las que me sacaron a poner yo mi negocio.

Yo no tenía dinero pues le hablé al banco a pedir un préstamo. Me acuerdo que creo que le hablé a tres bancos y como a los quince minutos que me habla un banco y me dijeron ya puede pasar por su préstamo. Me acuerdo re-bien el banco estaba en la 8 y Christian. Y le digo a mi esposa qué crees ya me dieron un préstamo de ocho mil dólares ¡hijo qué a todo dar! Y con eso ya tuve para comprar una camionetita usada y fui a JETHRO. Me acuerdo que andaba con mi carrito dando vueltas y vueltas porque no sabía qué comprar."

Don Abel puso su tienda llamada Abel's Grocery con todo y deli. Sacó sus licencias y fue a la escuela para aprender cómo preparar las comidas.

"Logré hacer mucha clientela puro americano puro blanco. Gané muchas amistades ahí. Hacía unos sándwiches bien ricos. La necesidad luego lo hace ser a uno. Yo nunca sabía que iba a tener una tienda, pero lo hice y lo experimenté y me di cuenta cómo el humano puede hacer tantas cosas cuando uno lo tiene metido bien bien en la mente. Cuando alguien quiere hacer una cosa lo primero que uno tiene que hacer es metérselo bien adentro en la mente y la misma mente te va a llevar a esa meta."

Después de dos años y medio, Don Abel vendió su tienda a muy buen precio. Un día con su esposa fue a comprar un elote cerca de la calle 9 sur. Mientras su esposa se quedó platicando con una señora de la tienda Tepeyac, él se fue a caminar y le dijo a su esposa, ahorita vengo voy a comprar un negocio, fíjese lo que le dije. Compré la tienda y en este noviembre que viene ya voy a tener dos años y aquí estoy."

La tienda se llama Mr. Rodeo y ahí vende camisas, botas, chamarras, cinturones, hebillas, ponchos y todo lo que sea vaquero.

"Estoy agradecido con Dios. Yo soy millonario con el simple hecho de que cada día yo abra los ojos. Todo el tiempo he vivido en el sur de Filadelfia casi desde que llegué y nunca me he movido de esta área a pesar de que trabajaba allá por el Museo de Arte.

Cuando nosotros llegamos raro era el mexicano que yo veía. Había más mexicanos por el norte de Filadelfia pero por acá por el sur había muy pocos. Ahora habemos un montón y ¡todavía los que faltan por venir! A mí me gusta convivir con mis amigos, echarnos un taco placero, cotorrear allá fuera de la tienda porque la vida es un ratito nada más y si uno mismo se amarga yo no le veo vida a la vida.

Lo que más me gusta de Filadelfia es que actualmente tengo muchos paisanos alrededor mío. He logrado muchas cosas que en mi país en ese entonces no intenté hacerlas de verdad.

Filadelfia es un lograr tranquilo. Dentro de mi matrimonio tengo una hija preciosa que nació aquí por eso amo más a Filadelfia. Ya eché raíces aquí y ¿por qué no querer uno el suelo donde está caminando todo el tiempo más que digamos en otros lados? Uno debe querer la tierra donde uno está desarrollándose, criándose digamos y le digo **aquí estamos**."

Don Abel fue a las Cataratas del Niágara en julio del 2009 con su esposa e hija y está animando a otros paisanos a ir en la excursión de dos días. "Muchos paisanos vienen y nada más estamos trabajé y trabajé y trabajé y no nos damos cuenta de otras cosas que hay a nuestro derredor.

Lo que yo les diría mis paisanos los que estamos aquí que hay que echarle ganas tanto al trabajo como también al inglés. Hay que agarrar un librito y ponerse a estudiar inglés que es una forma en que uno se pueda abrir una puerta. Aprende inglés. No hay que aferrarnos a nada más hablar nuestro idioma. Nuestro idioma lo sabemos pero sí estamos aquí en Estados Unidos hay que aprender inglés.

Aquí en este país se pueden hacer tantísimas cosas que uno no se imagina yo le digo por mi propia experiencia que yo he hecho cosas que yo nunca pensé hacerlas. Yo nunca pensé decir que era pintor y me hice pintor. Yo nunca pensé ser un señor que tuviera un negocio y ya van dos veces. Entonces cuando uno quiere hacer cosas hay que hacerlas de corazón. Lo importante, como digo, es que uno se lo meta en la cabezota lo puedes llegar a hacer, de veras. Eso es lo más importante que uno tenga ese valor de hacer las cosas y he visto a tantos paisanos que mis respetos, que vienen a trabajar y trabajar, ¡Qué Dios los bendiga! De veras porque a eso venimos a salir adelante a sacar adelante a nuestras familias.

Entonces si no vas a hacer nada en este país ¿mejor para qué vienes? Dale la oportunidad a otro. Vamos a echarle ganas a la vida y a salir adelante."

Abel Ortiz

Owner of "Mr. Rodeo" store

My name is Abel Ortiz. My father was from Santa Julia, near Pachuca, Hidalgo, and my mother was from San Cristóbal de las Casas, Chiapas. They both moved to Mexico City. Do you remember when a lot of people moved to Mexico City? That's where they met. I was born in Santa Isabel Tola next to Los Indios Verde, but I wasn't raised in Mexico City.

We moved from there to San Juanico where I grew up. When I was 22, I got married and then my first child was born. Then, there was the gas explosion in San Juanico [1984] and then the earthquake [1985]. That's when I moved from San Juanico to Coacalco where we lived for several years. I've been living my married life longer in the United States than in Mexico.

I've been here in Philadelphia for about 20 years now. Before that, I lived in New York for a year and a half. Living there was a little bit crazy. In the short time I lived there I realized that Mexicans, Puerto Ricans, Dominicans, and blacks didn't get along very well. I think that there are races that cannot get along. We all have different cultures and different lifestyles.

Then, I said to myself, I'm going to take my children to New York, why not? At that time, I had a friend, Jose Luis Balbuena who was already living in Philadelphia and I asked him if it was a good place to bring my children. He said. "It's a peaceful city, much better than New York, come over here", and that's how I moved here.

I had my visa, so fortunately I didn't have to experience the dangers that most Mexicans do when they cross the border. As I've always said, all my respect to those who cross the river or the desert. You have my respect, because nobody knows the risks you take to come here [to the United States]. Sometimes people give their live trying to come over here. Most people don't know that. They can't grasp it. Many have sacrificed their lives and died crossing "the line." Thank God that my family and I were able to cross the border without problems.

In Mexico, I was a maintenance mechanic and my job was to repair machines. I worked in a company where I could get my visa. I was a good mechanic. I talked with the engineer and told him, "You know what? I want to take my family for a trip." They gave me letters of recommendation for the American Embassy and I got my visa quickly. Later on I got visas for my children and my wife, so it wasn't difficult to cross over here and then I stayed in Philadelphia.

I haven't gone back to Mexico since then. I miss my country and my family very much. We always think that maybe this year we'll be able to go to Mexico, but here life goes so quickly. You don't even feel it. We always hope that maybe tomorrow we'll be able to go. I wish God would do something, because I truly want to go to Mexico, to my country. It has been almost 20 years since I've been there. When I talk to my relatives on the phone, they ask me, "What happened? Have you forgotten about us here?"

There was a time when I often thought, "When am I going to go? When am I going to go?" It sticks in your mind, and when you're constantly thinking about leaving, you create a barrier. You can't live here well and you're not there [Mexico] either. I remember I told my wife, "You know what I'm going to do? I'm going to buy tools." I love tools, but I didn't want to buy them and then have to bring them back to Mexico with me. Then, one day I said we're not going to live well here without them, so I started to buy tools. It's like jumping a hurdle when you stop constantly thinking about returning to your country. I said let's live well here today and tomorrow is in God's hands. Then, I started to get better jobs.

I became a painter here, even though I didn't know how to paint before. I first painted an architect's house. I believe that when you need to do something, you learn how. It's how you get better at things. I remember that this couple asked my wife, who cleaned their house, if she knew a painter, and she responded "My husband knows how to paint." I didn't know how to paint, but I told my wife to tell them that I could do it. I thought to myself, "I'll paint the house. It can't be that difficult! You just have to paint carefully and keep the lines straight and all that stuff." So, I painted the architect's house and he was very happy with the job, can you imagine? As I said, I did the job without knowing what I was doing, but I took the risk. He was so pleased that he referred me to six more people who lived on his block and I painted their houses too.

Thankfully, I have had many acquaintances that have recommend me to other clients because I do a good job. I don't consider myself a real professional, but when I put my mind to something, I try to do my best. It's a way to open doors for yourself. It's not just for the sake of doing the job. I believe that you have to do the best job possible. Then people will notice the quality of the work that you do, and then maybe they will help you get another job somewhere else, you know?

When I go to work I try to do my best. I try to do a good job and get along with people. I can't say that things have gone badly for me. On the contrary, I thank God that things have gone very well. I have fallen down at times like anyone else, but I have also known how to get back on my feet again, and I think that's part of life. Many of us fall, but we have to get up and move on. We have to continue fighting for what we want. If you give up, it doesn't make sense to be here. You have to do your best in life because that's how you keep going and fighting and fighting for what you want.

Before I had this store, Mr. Rodeo, I owned another business. Before that, I used to work in a pizza shop. I delivered pizzas and I had two cars stolen from me. One time I was held up at gunpoint and they stole the pizzas and the money. After that I said to myself, I don't want to do deliveries anymore."

Don Abel saw an available location for a business. Although he had his wife's support, she spoke her mind. She asked him to think things over because he didn't know anything about opening a business and he didn't have money.

"But I had already gotten the idea in my head. I truly believe that in the United States you can do so many things. My desire to open a business allowed me to do it.

I didn't have any money so I called some banks to request a loan. I remember that I called three banks and about 15 minutes later one bank returned my call. They told me that I could go to pick up my loan. I clearly remember that the bank was located at 8th and Christian. I said to my wife, "Guess what I just got a loan for eight thousand dollars! Can you believe it?" Then I had enough money to buy a small used van and I went to JETHRO. I remember I just went around in circles with my shopping cart because I had no idea what to buy."

Don Abel opened his store and named it Abel's Grocery. He got his permits and took a course in food preparation.

"I had a lot of customers, all Americans and all white. I made a lot of friends there. I made delicious sandwiches because when there's a will there's a way. I never imagined I'd own a store, but I did. I gave it a try and realized that people can do so many things when they really set their minds to it. When you want to do something the first thing you have to do is to get the idea in your head and your mind will help you achieve your goal."

Two years later, Don Abel decided it to sell his store for a very good price. Then, one day he and his wife went to buy corn on the cob near S. 9th Street. While his wife was talking with a lady at the Tepeyac grocery store, he went for a walk. He told his wife he'd be back shortly because he wanted to buy a business. "That's just what I told her! I bought the store and this coming November [2009] I'll have been here two years."

The store is called "Mr. Rodeo" and it sells cowboy shirts, boots, jackets, belts, buckles, ponchos and other cowboy things.

"I give thanks to God. I am a millionaire just because I'm alive and open my eyes every day.

I've lived all this time in South Philadelphia, almost since I arrived. I have never moved out of this area, even though I used to work near the Museum of Art.

When we arrived we rarely saw other Mexicans. There were more Mexicans in North Philadelphia but here in the South there weren't many. Now we are a lot of us and there are still more to come! I like to socialize with my friends, eat a taco, and chat outside the store, because life is so short. If you become bitter, you don't see the bright side of life.

What I like most about Philadelphia is that now there are a lot of other Mexicans around me. I have achieved so many things I never tried to do when I was in my country.

Philadelphia is a peaceful place. I have a beautiful daughter that was born here and she's one more reason to love Philadelphia. Now I have roots here. Why shouldn't you love the ground you're walking on more than some other place? You should love the land where you are developing and growing. Like I told you, here we are".

Don Abel went to Niagara Falls in July 2009 with his wife and daughter and he urged other Mexicans to go on that two-day tour." Many Mexicans come here and they just work and work and work and they're not aware of all that surrounds them.

What I would say to my fellow Mexicans, the ones that are here, is that we have to do our best in our work as well as in English. You have to grab a book and start learning English because it opens doors for you. Learn English! We shouldn't just cling to speaking our own language. We already know our language, but **here we are** *in the United States so we have to learn English.*

Here, in this country you can do so many things, things that you never imagined were possible. Like I told you, I've done things that I never thought I could do. I never thought I would be a painter, but I became one. I never thought I would be a small business owner, but I've been one twice. So when you want to do something you have to do it from your heart. As I say, what's important is that get that thought in that head of yours. Then, you can really achieve your goals. Above all, the most important thing is to have the courage to do things. I give my respects to my fellow Mexicans that come to work and work. God Bless them all, truly, because that's why we come here, to get ahead in life and to provide more for our families.

So if you're not going to do anything in this country, then why do you come here? Why not give that opportunity to someone else? Let's do our best in life and keep moving forward."

--Translation by Shawn Dougherty

Fabiola Canto

Fabiola Canto

Activist

Fabiola Canto es una de las mexicanas que lleva más tiempo viviendo en el sur de Filadelfia. Oriunda de la ciudad de Puebla, llegó a Filadelfia en febrero de 1991 tras emigrar con una de sus hermanas.

"Fuimos una de las primeras que salimos de la provincia mía y a partir de ahí es que todas las personas que están aquí ahora que han llegado están en Camden, Nueva Jersey y en Filadelfia. Llegar acá bueno, eso fue bien curioso, eso fue como al azar porque recuerdo que me habían mencionado que lugar tenía yo para ir y yo les dije lo mismo da porque no tengo ningún familiar allá, no conozco a nadie y me mencionaron Los Angeles, Chicago, Nueva York y Filadelfia.

En ese tiempo me recuerdo mucho que la geografía mía no era la mejor así que realmente donde estaba ubicada Filadelfia, no lo sabía. Pero Los Angeles se me hacía como que ya estaba muy saturado de nosotros y decía no, hay que empezar en una ciudad nueva y Nueva York se más hacía algo así como una ciudad muy habitada igual que nuestra ciudad de México y yo escogí una ciudad más tranquila como lo que era la ciudad de Puebla. Para mí, yo creo que Filadelfia me recuerda muchísimo partes de lo que es mi ciudad natal.

Realmente yo llegué a la ciudad de Camden y estuve viviendo ahí un mes y la verdad fue muy deprimente porque lo único que yo veía era las calles con personas todo el tiempo ahí sin trabajo, sin un oficio ni beneficio y sinceramente era muy deprimente para mí. Así que hicimos todo lo posible mi hermana y yo para movernos aquí a Filadelfia y básicamente al mes de llegar a Estados Unidos nos venimos acá a vivir a lo que es Filadelfia. Después de eso a los tres meses gracias a Dios ya teníamos nuestro apartamento ahí en lo que es en la calle de Passyunk Avenue.

Realmente cada vez que nosotros veíamos un hispano era sentir algo, no sentirnos tan solos. Recuerdo cuando se empezaron a hacer actividades del 16 de septiembre en Penn's Landing las familias que estábamos aquí que éramos muy pocas realmente nos podíamos juntar y convivíamos y poco a poco también fue así como fue creciendo la comunidad aquí en el sur de Filadelfia.

Para cuando yo me enteré de lo que era Casa de los Soles, cómo estaba funcionando, realmente yo me interesé mucho porque yo viajo en bicicleta constantemente y yo fui una de las víctimas de cómo me quitaban la bicicleta y empecé a escuchar como se estaba cada vez acrecentando el que nos robaban, el que nos asaltaban y llegó un momento en que yo siempre recuerdo el dicho de que 'el valiente llega hasta que el cobarde quiere de alguna manera.'

Bueno, en lo personal fueron como tres bicicletas que a mí me quitaron; dos en la casa. A mí nunca me las quitaron de frente y eso yo agradezco porque no tuve que asustarme de esa manera como muchas otras personas. Sí había uso de violencia, por ejemplo cuando le quitaron la bicicleta a mi hijo sí lo asaltaron con un cuchillo y en otra ocasión volvieron a intentarlo, pero realmente no pudieron y no tuvieron ya la posibilidad de hacerlo porque para ese tiempo habían pasado dos o tres años de cuando le quitaron la bicicleta la primera vez. Pero lo que ellos no sabían es que yo lo había preparado a él. Entonces él ya había estado en sus clases de karate y él también ya estaba más grande ¿verdad? Por eso es que me siento orgullosa de él, que pueda defenderse pero realmente todos los compatriotas estaban pasando por una situación que ellos preferían que se llevaran las bicicletas.

Hubo personas que no ya solamente les quitaban las bicicletas, sino que también los estaban golpeando, A mi hijo también cuando lo asaltaron le quitaron una cadena y lo golpearon. Y eso fue más que nada lo que me hizo moverme y colaborar con el Comité de Seguridad porque realmente estaban tocando lo que más me dolía. A mí no me había pasado nada, pero les estaba pasando a mis hijos y eso fue realmente lo que me impulsó a continuar y para hablar por todas las personas que siempre se habían sentido con ese temor de expresar el temor por lo que les estaba pasando.

Entonces me pidieron que si yo quería compartir con ellos. Me dijeron qué es lo que íbamos a hacer. El proyecto que queríamos era que la policía estuviera más pendiente de nosotros y nos empezamos a envolver en eso así es básicamente como llegué a Casa de los Soles.

Nuestro Comité de Seguridad básicamente digamos que éramos tres personas que siempre estábamos acudiendo a las reuniones y que realmente estábamos involucradas en dar nuestro tiempo para poder ponernos de acuerdo en cualquier actividad que teníamos qué hacer; era Carlos y también Alberto. Entonces a partir de eso los tres fue que empezamos a organizar y de acuerdo a nuestras experiencias fue como decidimos presentarles nuestra queja a los de la policía.

Definitivamente nos tomó bastante tiempo. Primero que los primeros asustados éramos nosotros porque eso de tener que ir a hablar con la policía. No podíamos reunir a las personas porque realmente todos teníamos temor. El hecho de saber si que la policía a lo mejor a los que iba a detener eran a nosotros en lugar de detener a los que iban a quitarnos las bicicletas. Entonces pues había que tener ese valor y cada vez que hacíamos las reuniones y aparentemente teníamos ese tipo de personas cuando ya teníamos que ir a hablar con los policías se nos desaparecían y nada más siempre estábamos tres.

Entonces realmente Peter [Bloom] fue una de las personas que como director nos ayudó siempre y fue uno de los grandes organizadores para poder realizar todo el proyecto.

Definitivamente tuvimos que tener en el archivo varios casos documentarlos e inclusive personas que fueron a atestiguar y que fueron muchas no quisieron por lo mismo, por miedo; pero de alguna manera cuando ellos se dieron cuenta que estábamos ahí que estaban trabajando con nosotros y lo mismo tuvimos que omitir los nombres de ellos para su protección, pero realmente creo que eso nos ayudó bastante. Me siento muy orgullosa de haber cooperado en ese aspecto.

Pues es sorprendente como realmente la policía nos ayudó bastante especialmente acerca de la Ruta de Seguridad. La Ruta de Seguridad se hizo sobre la calle Broad que la policía pudiera estar con más vigilancia y había quienes patrullaban a los paisanos hasta sus casas. Mi hermano fue uno de ellos más que nada para verificar si realmente estaban viviendo en la localidad que ellos decían y por verificación de domicilio y varias veces siempre se les dijo que caminaran por donde estaban las avenidas más grandes y de hecho estaba la policía pendiente hasta las dos de la mañana que era la hora que era básicamente el turno que corría de la gente a sus casas.

Era diferente el número de personas que estaban a lo largo de las rutas. Básicamente no era que estuvieran ahí esperando que la gente pasara, pero las patrullas estaban siempre reportándose y de alguna manera uno podía saber que patrulla estaba en guardia ese día y por si necesitaba todo mundo sabía que ellos iban a estar ahí por si los necesitábamos.

Inclusive después de que se formó la Ruta de Seguridad para las personas que salían de los restaurantes muy tarde para ir a su casa. Fue sorprendente como nos ayudaron y nos apoyaron en ese aspecto. También fue, yo digo, que realmente estuvieron ayudándonos hasta el momento en que estuvimos pidiéndoselos. Llegó un momento en ya que el comité no se ha reunido y no sé si se sigue reuniendo de alguna manera. Pero me gustaría ya que de una manera lo hicimos anteriormente que en algún momento se pueda retomar y continuar porque de alguna manera pues siguen sucediendo dándose esos casos.

Honestamente en ese aspecto yo creo que como la comunidad ha crecido más, los casos se dan. Entonces ha incrementado y sobre todo ahora yo digo que en la actualidad la situación económica que estamos viviendo es justamente la que está afectando más la vida de cada uno de nosotros. Es un impacto que no estábamos esperando que sucediera, pero lo tenemos aquí y tenemos que convivir como ellos; definitivamente se está incrementando.

Yo considero que los grupos étnicos siempre van a tener diferencias. No importa lo que nosotros hagamos. Cada uno de nosotros tenemos diferentes sentimientos. Cada uno entendemos las cosas de diferente manera siendo hispanos hablando el mismo idioma a veces no nos podemos comunicar y tampoco podemos entendernos y yo siempre creo que no son las cosas como se dices, no son como se dicen sino lo que se dice.

Yo creo que sí algo que nos afectó mucho los grupos étnicos atacaban mucho no sé si ellos se sentían que nosotros estábamos embargando su área, pero de alguna manera creo que hay más convivio ahora.

Existe de alguna manera yo lo dije, existe el racismo pero creo que como seres humanos yo lo dije también a todos nos corre sangre azul o no azul, nos corre la sangre por las venas y definitivamente creo que aunque hay diferentes grupos hay más convivio ahora. Hay más mezclas. Hoy vemos más hispanos con americanos, vemos más hispanos con todo tipo de razas que está aquí en Estados Unidos. Así que realmente ya hay una mezcla muy completa."

En los 19 años que Fabiola lleva viviendo en el Sur de Filadelfia ha visto varios cambios.

"Bueno ya que llegaron todos los mexicanos me siento muy contenta porque ya somos más yo digo. Definitivamente antes teníamos que ir hasta el norte de la ciudad para ir a buscar tortillas o cualquier producto hispano que queríamos. A la actualidad todo lo tenemos aquí y sobre todo en el área de Washington Avenue está una cantidad enorme de tiendas de todo. Ahora sí que surtidos de ropa, de comida, de restaurantes. Yo creo que eso es lo más bonito sentirse ya parte de este país, pero a la vez sentir que uno va caminando por ahí y no extraña uno tanto el país de uno porque escucha el idioma, ves las tiendas abiertas la gente está por ahí. Entonces es algo que a mí me impresiona mucho porque hemos trabajado por nuestro sueño.

Otra de las cosas que a mí me impacta demasiado y que me preocupa mucho es la juventud y los niños. Sinceramente a veces yo creo que no les gusta cuando yo les mencionó ¿no?

¿Cuál fue tu sueño? ¿Por qué viniste? ¿Por qué llegaste por la familia y dónde está tu familia? ¿Qué ha pasado con tu familia?

Entonces creo que eso es algo bien importante que estamos dejando, el que la tecnología a veces nos está quitando mucho la comunicación con nuestros hijos; el poderles transmitir parte de nuestra cultura. Inclusive comunicarse ahora padres e hijos está muy difícil. Yo lo veo y yo recuerdo es parte de mi experiencia, yo vi como uno de mis hijos estaba perdiendo su idioma y me empeñé tanto en que leyera nuevamente más español. El llegó aquí también muy joven; para él fue muy fácil adaptarse a esta vida. Pero yo siempre pensé que no iba a permitir que me arrancaran a mis hijos de esa manera; que tenían que tener siempre su cultura, su idioma y sobre todo que se sientan muy orgullosos ¿no? de ser mexicanos.

Han estado en el servicio [militar] y de alguna manera pues me siento muy orgullosa pues también han servido a esta patria que es la que nos ha hecho crecer, que es la que nos ha dado parte de lo que somos pero también es a la cual a la que le tenemos que agradecer porque si no estuviera en servicio pues tampoco estuviéramos nosotros aquí. Y la valentía de cada uno yo creo que es continuar con nuestra tradición de que somos mexicanos y sobre todo que pues si que no olvidemos que la juventud y los niños es el futuro del mañana.

No sé yo de verdad tú sabes que tengo oportunidad voy a mi país voy a visitar a mi familia o mi familia viene aquí conmigo y entonces me gusta porque me traen un poco de solecito de allá porque aquí luego hace mucho frío ¿no? Pero definitivamente yo creo que este país yo siempre lo he dicho me ha dado muchas oportunidades. He luchado por ellas también he trabajado por ellas, pero a la vez creo que mi corazón no necesariamente tiene que dividirse ¿no? Yo nací en México sigo siendo mexicana pero amo a este país también. Entonces me siento orgullosa y si tengo oportunidad de volver a mi país lo haría encantada también. Cuando ya no tenga que estar a lo mejor estar viendo a los nietos corriendo por ahí o definitivamente cuando los nietos corran más rápido que yo y ya no los pueda alcanzar."

Fabiola ha trabajado arduamente y platica acerca de la necesidad de aprender el inglés y su trayectoria en su lugar de empleo actual.

"Es increíble cuando yo llegué aquí a Estados Unidos recuerdo que nada más sabía decir *coffee*, *doughnuts, hi, bye* y creo que era lo básico que yo tenía. Y yo me sentía muy orgullosa de eso porque todo era *hi hi* inclinación de mi cabeza siempre en reverencia sin saber qué me decían tratando de adivinar todo. Entonces pasó bastante tiempo para que yo hiciera la determinación de darme cuenta también de que yo necesitaba aprender el inglés ¿no? Primero por mis hijos para poder ayudarles en la escuela. Aprendí básico aprendí pues a moverme líricamente y de alguna manera yo siempre creía que era suficiente. Cada vez que yo iba a algún lugar me recuerdo cuando estaba yo en el hospital ayudando a hispanas que llegaban en ese entonces que también no hablaban nada de español y me gustaba ayudarlas. Tenía una hermana también que asistía al doctor pues entonces estuve bastante tiempo ayudando a todas las hispanas embarazadas y yo creía que yo ya hablaba inglés, pero definitivamente no hablaba yo nada. Entonces creo que así fui aprendiendo mi vocabulario poco a poco y recuerdo cuando se estaba construyendo este edificio [refiriéndose al Hotel Marriott en la 13 y Filbert]. Para mí era un sueño y siempre creía que la gente que estaba trabajando aquí era muy afortunada. Recuerdo que siempre imaginaba que tenía yo qué hacer para poder entrar a trabajar en esta compañía.

Recuerdo que una ocasión estaba yo sin trabajo y decidí empezar a aplicar en todos los hoteles. Recuerdo que en un periodo de dos semanas terminé haciendo las aplicaciones siempre esperando ¿no? Que dos o tres lugares que me llamaron yo estaba esperando que me llamara Marriott y sí efectivamente me llamaron de Ritz Carlton y demás pero yo no sabía que eran la misma compañía, la misma cadena.

Entonces fue sorprendente porque con Ritz Carlton yo iba para la línea de *Sous Chef* y era pues realmente una posición muy buena para una hispana que no tenía el idioma. Pero había quien estaba ahí que me iba a ayudar con el idioma y yo me sentía cómoda, pero no era el edificio que yo había querido. Cuando yo empecé aquí con Marriott yo empecé como afanadora, como *housekeeper* y me di cuenta que realmente yo no hablaba nada de inglés que tenía yo mucho miedo de comunicarme con las personas porque todo mundo me hablaba en inglés y también decidí que mi espalda no iba a aguantar tanto trabajo tan difícil que haciendo camas y limpiando baños no me iba yo a superar que iba yo a seguir haciendo limpieza y podría ser la mejor limpiadora pero no la persona que yo quería [ser].

Entonces, este, empecé a darme cuenta que estaban ofreciendo cursos y cada vez que daban un curso y los ofrecían yo lo tomaba. Cada vez que había una oportunidad yo estaba ahí. Pasé de *housekeeper* me fui a la tienda de regalos. Cuando contestaba el teléfono a mí me daba miedo. Pero bueno yo trataba de entender lo que me decían. Era más fácil para mí leerles los labios que escucharlos definitivamente era muy difícil, pero aprendí a dominar mi oído y un año después me fui para la recepción. Estuve tres años en la recepción después estuve en el *front desk* un año después. Estuve en *concierge* otro año y continuaba yo tomando los cursos y ahora actualmente estoy trabajando en el departamento de contabilidad.

Entonces pues la escuela la empecé hace dos años definitivamente empecé a tomar el inglés y eso es lo que me ha ayudado, lo que me ha hecho y de lo cual yo me siento muy orgullosa. Muchas personas piensan he ha sido sencillo. No. Hay que venir a trabajar a veces tercer turno. Hay que estar aquí antes de las cuatro de la mañana. Hay que estar aquí a veces dos de la mañana y yo no tengo problema para hacerlo ¿no? Porque, primera, me gusta el trabajo; segunda, me he dado cuenta que mis esfuerzos tienen sus beneficios. Y esta compañía realmente es la que me ha enseñado y la que me ha permitido hablar inglés y que yo hice la decisión también así que no creo estar al cien por ciento, pero sí mucho mejor de que yo me imaginaba que yo ya hablaba inglés. Así que es una compañía que yo le recomiendo a cualquier persona. Siempre están promoviéndonos y ayudándonos para continuar y disciplina con uno mismo, ¿no? Básicamente que esa es la base de muchas cosas."

Además de atender su hogar, criar a sus dos hijos y trabajar, Fabiola siempre encuentra tiempo para ayudar a los paisanos que llegan al Sur de Filadelfia.

"Te mencionaba que yo he estado involucrada en diferentes grupos en diferentes actividades para ayudar a la comunidad. En diferentes ocasiones he tenido diferentes experiencias en inicio han sido buenas después no han sido las mejores. Pero de alguna manera creo que todo se basa en ayudar a la persona que llega aquí por primera vez.

Algo que me gusta y que continuo y que de verdad lo disfruto tanto que lo puedo hacer que hay personas que me llaman nuevamente por teléfono y me dicen, 'Fíjate que hay dos o tres personas que llegaron apenas y que no conocen a nadie, que no tienen familia' y me recuerdan de cuando yo llegué.

Una experiencia bien bien dulce que tengo es que yo pensaba que yo vivía en la calle *One Way* porque cuando yo salí por primera vez a la calle, yo sé que le causa risa a todo mundo porque yo le dije a mi hermana, "sabes qué tú te fijas en el número y yo me fijo en el nombre de la calle para no perdernos" solamente íbamos a la iglesia. Me acuerdo que caminamos tres o cuatro calles, dimos vuelta y saliendo de la iglesia fue cuando yo me di cuenta y yo le dije que las calles aquí serán quebradas siento que llevan el nombre recto porque es Estados Unidos. Y ella se quedó mirándome también y me dice, '¿por qué?' Le digo porque mira en la esquina también dice esta calle también se llama *One Way*, qué curioso, ¿no? Aquí las calles son quebradas y bueno dulces veintitantos años estaba yo recordándome que ahora lo recuerdo ¿no? Y eso es lo que me hace que cada vez tenga yo que salir y ayudar a esas personas ¿no? En un momento se volvieron lágrimas soy dulce alegre y sonriente y todo mundo inclusive aquí en el hotel las personas que han conocido esa historia me dicen, "Fabiola *one way, one way*.

Y realmente es hermoso poder ayudar a la comunidad. Así que para mí pasé lo que pasé con los grupos siempre estoy dispuesta a ayudar a la comunidad y creo que lo más importante es que no podamos creer ni a buscar algo una posición en algún lugar pasar sobre esa gente. Para mí ese es el fin, para mí es que los más humildes o las personan que no tienen esa preparación son las personas que más necesitan de nosotros.

Entonces es en las personas en que yo me enfoco más. Muchas veces porque necesitan más paciencia. Muchas veces ni siquiera saben expresarse y esas son las personas con las que a mí me gusta trabajar más y creo que lo importante es no solamente que exista la organización sino que realmente no se olvide el fin de ayudar a la gente. Somos muchos entonces y por otro lado realmente que bueno las familias fueron las que ya han logrado parte del sueño pues que no permitan que la calle les robe a sus hijos. Porque algo me mencionaba uno de mis hijos me decía, '¡Ay, mamá nosotros que tenemos tanto tiempo y personas que han llegado apenas de cinco años, de siete años ya tienen su negocio.' Yo les digo, 'sí hijo mío tienen s negocio pero perdieron a su familia a la mitad del camino porque ya no están unidas, ni siquiera se han preparado. Yo no tengo nada pero yo hice dos edificios bien fuertes que son ustedes gracias a Dios, que llegaron a la universidad.'

Por ejemplo, el sueldo que uno gana en Dunkin' Donuts no es un sueldo que le va a uno dar para poder estar en la universidad, pero realmente si trabaja uno con ellos, ellos ven el esfuerzo. Yo tuve dos hijos y adopté uno y por ahí hay muchos que me dicen mamá que ya no sé ni cuántos son. Digo yo los que tengo regados realmente muchos.

A veces hay que ser como un sargento en criar a los hijos. Yo les decía a ellos cuando eran adolescentes: cuando ustedes ya tengan un sueldo, cuando ustedes ya vivan en su propia casa, si quieren andar con ropa o sin la misma es cuestión de ustedes. Pero mientras que estén bajo este techo hay normas y las reglas son iguales como las de tráfico. Si es rojo usted se detiene, si es verde usted continúa, pues lo mismo aquí hay hora de entrada y una hora de salida. No hay por qué discutirlo. Es parte de la formación de todo un ser humano. Si eso funcionó si eso sirvió para mí definitivamente tiene qué funcionar para usted. En la escuela hay normas en la calle hay normas, pues en esta casa también tiene qué haber normas y nadie las brinca. Cuando usted tenga su casa usted pone las suyas, mientras tanto vivimos bajo las mías. Y más que la comunicación también con ellos ¿no? Hay que comprenderlos, hay que comunicarnos.

Así es que yo creo más que nada que no olvidemos nuestro *sensing* pues y que tratemos de tener una vida mejor como familia para que con eso podamos ayudar más porque de nada sirve que la comunidad quiera hacer mucho si cada familia en su propio hogar no enfatiza la base de lo que quiere como familia: la unión."

Fabiola Canto

Activist

Fabiola Canto is one of the Mexicans who has been living in South Philadelphia for the longest. Originally from the city of Puebla, she arrived in Philadelphia in February of 1991 after emigrating with one of her sisters.

"We were some of the first to leave my area and everyone who left then came to Camden, New Jersey and Philadelphia. It's strange how we arrived here. It was just by chance. I remember that people asked me where I was going to go and I told them that it didn't matter because I had no relatives in the US and I didn't know anyone. Then they told me about Los Angeles, Chicago, New York, and Philadelphia.

At that time my geography wasn't the best, so I didn't really know where Philadelphia was located, but Los Angeles seemed like it was already full of Mexicans, and I thought 'No, I want to start in a new city.' New York seemed too populated, like our Mexico City so I chose a more peaceful city, like Puebla. Philadelphia reminds me a lot of my hometown.

I actually lived in Camden at first. I was living there for a month and honestly it was really depressing, because the streets were full of people who were out of work with no trade or prospects. It was very depressing for me. So my sister and I did everything possible to move here to Philadelphia and about a month after we came to the US we moved to Philadelphia. Three months later, thanks to God, we got our apartment on Passayunk Avenue.

In the beginning, every time we saw another Hispanic, it was something special, and it made us feel less lonely. I remember when they started to celebrate September 16th [Mexican Independence Day] at Penn's Landing. There weren't very many families there. We got together and socialized and little by little the Mexican community in South Philadelphia grew.

When I found out about Casa de los Soles and how it worked, I was really interested. I constantly rode my bicycle and my bicycle got stolen. I started to hear more and more stories about people robbing us and attacking us and there came a moment when I thought of the saying "The brave man gets as far as the coward allows"

Personally, I had three bicycles stolen, two from my house. No one ever jumped me, and I'm thankful for that, because I didn't have to deal with the scare that many other people did. And there was violence used. For example, when they stole my son's bicycle, they attacked him with a knife once and then they tried to do it again another time. This time they couldn't because several years had passed since he had gotten his bicycle stolen the first time. They didn't know that I had prepared him. He had taken karate classes and had gotten a lot bigger. I am proud that he could defend himself, but really all of us were dealing with a situation where we were glad if we just had our bicycles stolen.

There were people who didn't just get their bicycles stolen but also got beat up. When my son was attacked they took a chain and they hit him. This more than anything is what made me move to work with the "Comité de Seguridad" [security committee] because the situation was affecting me where it hurt the most. Nothing ever happened to me, but my children were suffering and this is what really pushed me to work and speak up for everyone who had always been afraid to express their concerns about what was happening.

Then they asked me if I wanted to share what had happened to us. They told me that's what we were going to do. We wanted the police to pay more attention to us and we became really involved with this project. That's how I came to work with Casa de los Soles.

Our "Comité de Seguridad" was primarily made up of three people: Carlos, Alberto, and myself. We were always attending meetings and were really involved in it. We spent the time to agree on what we had to do. Then we started to organize and based on our experiences we decided to present our complaint to the police.

It definitely took us enough time. First of all, we were worried because we had to go talk to the police. We couldn't gather together the people because honestly everyone was scared. We were worried that the police were going to arrest us instead of the people who had stolen our bicycles. It took a lot of nerve. Every time we had meetings there were all these people there, but when it was time to go talk with the police, they disappeared and it was just the three of us.

During that time Peter [Bloom] really helped us as a director and he was one of the great organizers who helped us to carry out the project.

We had to get various documented cases in the archives including from people who went to testify. Many people didn't want to testify because they were scared, but eventually they realized that we were here working with them and we would omit their names for their protection. I think this part really helped us. I am very proud to have participated in this part of the project.

The surprising thing was how the police really helped us especially with the Secure Route. Along the Secure Route on Broad Street the police were able to be more vigilant and there were officers who patrolled Mexicans up to their houses. My brother was one of them, more than anything so he could see if people were really living where they said they were. Along the bigger streets, the police were *there and available until two in the morning which was basically the shift that took the people to their houses.*

There was always a different number of people who were along the route. Basically, they weren't there waiting for people to walk by, but the officers were always checking in and some way or another you always know which patrol was on duty that day if you needed them. Everyone knew that they were there if we needed them.

Even after the start of the Secure Route, there were people who left restaurants really late to go home. It was surprising how they helped us and supported us with this aspect. They really helped us as soon as we asked. Now, the committee doesn't meet and I don't know if it keeps meeting in some form, but I would like it if, now that we have already done the work, the committee could start up again and continue in some way in the future, because cases like this keep happening.

Honestly, in this aspect, I think that as the community has grown more, the offenses have also gotten worse. The cases have increased and above all right now the economic situation that we're dealing with is what affects our lives the most. It is something we hadn't been expecting, but now it's here and we have to live with it like everyone else. It's definitely getting worse.

I think that ethnic groups are always going to have their differences. It doesn't matter what we do. Every one of us has different feelings. Each of us understands things in a different way. Even though we're Hispanics and speak the same language, sometimes we can't communicate with each other or understand each other. I think it's not how you say things, but rather what you say that's important.

I think that something that affected us a lot is that other ethnic groups attacked us. I don't know if they felt like we were taking over their area, but in some ways I feel like there's more community now.

There is in some ways racism, but I think that as human beings, I always say to everyone, that all of us have the same blood running through our veins. I definitely think that although there are different groups there's more community now. There is more mixing. Today we see more Hispanics with Americans and more Hispanics with all types of races that there are here in the United States. Really, there is a much more complete mix now."

In the 19 years that Fabiola has been living in South Philadelphia, she has seen a lot of changes.

"Now that more Mexicans have arrived, I'm really happy, because now there are more of us. Before, we always had to go to North Philadelphia to look for tortillas or whatever other Hispanic product we wanted. Now, we have everything here. Especially near Washington Avenue there are a ton of stores. There are clothes shops, grocery stores and restaurants. I think this is the most beautiful thing, to

feel part of this country, but at the same time to not miss your own country so much because you hear the language, you see the stores open, and you see all the people here. It impresses me a lot because we've worked for our dreams.

Another thing that strikes me is the young people and the children. Seriously, sometimes I think that they don't like it when I talk about them, you know?

What was your dream? Why did you come? Why did you come for your family and where is your family? What has happened in your family?

I think that this is something really important that we're leaving behind. Sometimes technology takes away from our communication with our children and our ability to pass on to them part of our culture. Now, communication between parents and children is difficult. I see it and I remember that it's part of my life. One of my sons is losing his language. I constantly try to get him to start reading again in Spanish. He came here when he was very young. It was very easy for him to adapt to this life, but I always though that I wouldn't let America take away my children this way. I thought they would always have their culture, their language, and above all that they would be very proud to be Mexican, you know?

They have been in the military and I am really proud, because they have served this country that has helped us grow and has been a part of making us who we are. Also I'm thankful because if they hadn't been in the service then we wouldn't be here. Each of us has to have the courage to continue our traditions as Mexicans and that above all to never forget that the young people and the children are our future.

I don't know when I will have the opportunity to go to my country or when my family will be able to come here with me. I would like them to come visit, because they would bring me a little sunshine form Mexico, because it can get so cold here. But I definitely believe that this country has given me many opportunities and I have fought for them and worked for them. Still, I don't think my heart needs to be divided, right? I was born in Mexico and I continue being Mexican, but I love this country too. I feel proud here and if I have the opportunity to return to my country I'd love to do so when I don't have to be here anymore, maybe when I can see my grandchildren running around and definitely by the time they can run faster than me and I can't keep up with them anymore."

Fabiola has worked very hard to learn English and speaks about the necessity of learning the language. She also talks about her career path.

 "It's incredible that when I came to the US I only knew how to say coffee, doughnuts, hi, bye, and I think that's about everything that I knew. And I felt really proud of this because I always just said "Hi, hi" and nodded my head respectfully without knowing what people were saying and just trying to guess everything. Then enough time passed that I realized that I needed to learn English, first of all for my children so I would be able to help them in school. I learned basic English, enough to get by, and I always thought that that was enough. Every time I went somewhere, I remember when I was in the hospital I would help the Hispanic people there when nobody spoke any Spanish and I liked helping them. My sister helped a doctor and I spent a lot of time helping pregnant Hispanic women. I thought that I knew a lot of English, but I barely knew any English. I learned my vocabulary little by little. I remember when they were building this building [the Marriott Hotel at 13th and Filbert]. For me it was a dream and I always thought that the people who worked there were really lucky. I always wondered what I would have to do to get a job there.

I remember one time I was out of work and I decided to apply to all of the hotels. In two weeks I finished submitting all the applications and I was feeling really hopeful. Two or three places called me and I hoped that the Marriott would call me. People from the Ritz Carlton called me, but I didn't know that it was the same company, the same chain.

It was surprising because at the Ritz Carlton I was up for the position of Sous Chef which was a really good job for a Hispanic woman who didn't know the language very well. There were some people there who helped me with the language and I was comfortable, but it wasn't the building that I'd really wanted. When I started here at the Marriott, I worked as a cleaner, as a housekeeper, and I realized that I really didn't know that much English. I was really scared to communicate with other people, because everyone spoke to me in English. I also decided that my back wasn't going to survive all the hard work of making beds and cleaning bathrooms, if I didn't move past cleaning. I could be the best housekeeper but not the person that I wanted to be.

Then I realized that they were offering classes and every time they had a course, I took it. Every time there was an opportunity, I was there. I moved from being a housekeeper to the gift shop. When I answered the telephone I was scared, but I tried to understand what people said to me. It was much easier for me to read lips and listening to people was very difficult, but I learned to train my ears and one year later I moved to the reception. I was in reception for three years and then at the front desk for a year. I was a concierge for another year and I kept taking classes and now I'm working in the accounting department.

Then I started school two years ago and I started to take English. This has helped a lot and I'm really proud. Many people think it has been simple. It hasn't. Sometimes I have to be here to work the third shift. I have to be here before four in the morning. Sometimes I have to get here at two in the morning, but I don't mind doing it, first of all, because I like my job. Also, I have realized that my efforts pay off. This company really has taught me a lot and has given me the opportunity to speak English. My English isn't 100 percent but it's a lot better than I ever thought it would be. This is a company that I would recommend to anyone. They are always promoting us and helping us to move *forward and to be self-disciplined. Basically, it's the foundation for a lot of different things"*

In addition to caring for her home, raising her two children, and working, Fabiola always finds time to help other Mexicans who have recently moved to South Philadelphia.

"I mentioned that I have been involved in different activities with various groups to help the community. On different occasions I have had different experiences that have been good at first, but later haven't been the best. But regardless I think it's really important to help people who are coming here for the first time.

Something that I like and I continue doing that I really enjoy is that there are people who call me on the phone and they say "There are two or three people who just got here and they don't know anyone and don't have any family" and then I think about when I first arrived.

One story that means a lot to me is that I used to think that I lived on a street called One Way because when I went out on the street for the first time I said to my sister "You pay attention to the address and I'll remember the street name so we don't get lost." We were only going to church. I remember that we walked about three or four streets and then we turned around. When we were leaving the church I said to my sister, "The streets here are also a mess. I thought they would be well organized because this is the US." She looked at me and asked me "Why?" I told her to look at this corner. The street was also called One Way. "How strange, right? The streets are a mess here." This memory is so dear to me as I remember it twenty years later. This is what makes me go out every time to help these people. Thinking about it sometimes makes me cry. It's such a dear memory and it makes me so happy. Everybody, including people in the hotel who know the story, always says to me "Fabiola, one way, one way."

And really it's beautiful to be able to help the community, so for me, whatever happens with different groups happens but I am always available to help the community. I think the most important thing is that we don't let something, like a position somewhere, pass by these people. For me, that's the goal. For me it's the most humble people, or the people who don't have all the necessary preparation, who need the most from us.

It's these people that I focus on the most, because many times they require more patience. Many times they don't know how to express themselves and these are the people I like working with. I think it's important not only that the organizations exist, but also that we never forget our goal of helping the people. There are a lot of us now and on the one hand it's great that so many families have achieved their goals, because they didn't let the street steal their children. Once, one of my sons said to me, 'Mom, we've been living here for so long, and there's people who just got here five, six, seven years ago and they already have a business'. I tell them, 'Yes, they have their business but they lost their family on the way because they're no longer together and they weren't prepared. I don't have anything but I have made two strong things, you two, who thanks to God have made it to college.'

For example, the wage you make at Dunkin' Donuts isn't a salary that lets you go to college, but if you really work with them, they see the effort. I had two children and I adopted one, and around here there are lots of people who call me "Mamá," I don't even know how many. I have really helped to raise so many children.

Sometimes you have to be like a drill sergeant when you're raising children. When they were teenagers I used to say to them, 'When you get a salary and have your own house if you want to go around with or without clothes on that's your business, but while you're under this roof there are certain standards and the rules are just like traffic laws. If it's red, you stop. If it's green, you go. It's the same thing here. There's a time to go out and a time to come back in, no discussion. It's part of growing up. If it worked for me it's definitely going to work for you. At school there are rules, in the street there are rules, and this house there have to be rules and nobody gets around them. When you have your house you make your own rules, but now you live with mine'. Also, you have to communicate with them, you know? You have to understand them. We have to communicate.

More than anything, I think it's important that we don't lose our senses and that we try to have a better life as a family. This way we can accomplish more because the community can't do anything if every family doesn't emphasize in their own home the foundation of what they want as a family: unity."

--Translation by Shawn Dougherty

Ana Cristina Muñiz-Romero

La Tienda/ Grupo Xicoatl/ El Changarro

Ana Cristina nació en Tecomatlán en el estado de Puebla y a los 15 años emigró a Nueva York donde vivía una de sus hermanas mayores. La menor de una familia de ocho hermanos, siempre había querido estar cerca de sus hermanas mayores y la oportunidad surgió en septiembre de 1985. Lleva residiendo 27 años en Estados Unidos.

Ana Cristina empezó una nueva vida mientras que al tiempo se adaptaba al clima y a un lugar donde no hablaba el idioma. "Para no ser una carga, le pedí a mi hermana que me consiguiera trabajo y así fue que entré a una factoría de ropa donde abotonaba camisas por millares trabajando nueve horas diarias con un pago de cinco centavos por camisa abotonada". Duró un año trabajando ahí pues no se adaptaba al lugar y al tipo de trabajo.

"Otra de mis hermanas mayores vivía en Camden, Nueva Jersey y me mudé a vivir con ella. Me dediqué a trabajar fuerte y a estudiar inglés para que el idioma no fuera un obstáculo para seguir adelante." Así que estudió inglés durante tres años consecutivos de nueve de la mañana a tres de la tarde y luego se iba a trabajar a una imprenta desde las cinco de la tarde hasta las dos de la madrugada. "Sí, realmente dormía pocas horas, pero era muy importante para mi aprender inglés. Cuando estaba estudiando inglés fue cuando conocí a mi esposo, Carlos Romero quien es del estado de Michoacán."

En aquel entonces no vivían tanto s mexicanos en Camden y Ana Cristina se asoció con sus hermanos para abrir "El Taco Loco" el primer restaurante de comida mexicana en esa ciudad. Ahí trabajó cinco años preparando comida. "Aunque no me gusta cocinar y fui cocinera por necesidad tuve gran éxito pues mucha gente venía los fines de semana para comer el menudo y la pancita que hacía. El Dr. José Castillo, que en paz descanse, llegó a ir a nuestro restaurante y a venderme suéteres de Chiconcuac. "

Ana Cristina dejó de ser socia en "El Taco Loco" pues después de cinco años deseaba cambiar de actividad. Su esposo que es muy creativo acondicionó un camión escolar como tienda ambulante y así empezaron a vender productos mexicanos. En aquellos años no había tiendas mexicanas en los poblados donde residían paisanos. "Mucha gente nos conoce en Nueva Jersey y Pensilvania puesto que nuestro camión llegaba a diversos pueblos como son Vineland, Bridgeton, Hammonton, Willingboro, Quakertown, Bensalem, Upper Darby, norte, centro y sur de Filadelfia. Fuimos los primeros en abrir una tienda en el centro comercial de la calle 6 y la Washington del Sur de Filadelfia.

Al principio el dueño asiático no nos quería rentar el local pues decía que vendíamos productos diferentes a los de ellos y temía que no pudiéramos pagar la renta. Pero le pedimos que nos pusiera a prueba unos meses. El negocio prosperó y empezamos a ofrecer otros servicios como envíos de dinero, paquetería, cambios de cheques y hasta tarjetas de identificación, pues el consulado no ofrecía entonces las matrículas consulares. Además iniciamos la venta de tamales porque el cliente nos exigía algo más y tanto fue el éxito de nuestros tamales que vendíamos tres mil tamales en un fin de semana que hasta el periódico más importante de Filadelfia se tomó la tarea de hacer un reportaje."

Después de dos años el número de tiendas mexicanas aumentó. Ana Cristina y su esposo Carlos decidieron vender al mayoreo mudando el negocio "La Tienda" a la 2 y Washington. Gracias a la generosidad de los esposos Romero, "La Tienda", que tenía un espacio muy grande como bodega comercial, fue un espacio para llevar a cabo reuniones de la comunidad, fiestas y clases de baile.

De hecho, ahí nació el Grupo Xicoatl de baile folklórico de México. En nombre en el idioma náhuatl significa "Estrella Errante". Sus tres hijas, Cristina de 17 años y las gemelas Alicia y Elisa de 15 años han formado parte del grupo desde su fundación, ya que desde pequeñas han tomado clases de baile, como tap, ballet, hip-hop y por supuesto baile regional mexicano. El Grupo Xicoatl hizo su debut en la primera celebración del Cinco de Mayo en el Sur de Filadelfia. Con el apoyo de su esposo, Ana Cristina conoció e invitó a Alejandro García maestro de baile a impartir clases de folklore completamente gratis. Se hizo la compra de vestuario mexicano y el grupo ha tenido muchas presentaciones en el estado de Pensilvania como en el sur de Nueva Jersey.

"Mis hijas me preguntan porque nuestra familia es tan anormal porque nos pasamos todo el tiempo trabajando, ellas estudiando, haciendo sus quehaceres y además aceptando participaciones en los eventos culturales como el Día de la Madre, 15 de Septiembre, 12 de Octubre, el Cinco de Mayo y ya como es tradición nuestra participación en un hospital del sur de Nueva Jersey.

En el 2006 Ana Cristina se postuló como presidenta del Comité Directivo de la Asociación Orgullo Azteca, la primera organización de comerciantes mexicanos del Su de Filadelfia. Emili Espinosa era la secretaria y Marcos Tlacopilco el tesorero. La Asociación Orgullo Azteca tenía once integrantes incluyendo a los esposos Romero. "Bueno, yo me postulé como presidenta del Comité Directivo de la Asociación ya que siempre me ha gustado participar bien adentrada y doy lo mejor de mí misma. El propósito es ayudar a los comerciantes que aún no están establecidos ya sea en el aspecto financiero, de consejería y orientación. Otro propósito es defender nuestros derechos como comerciantes.

Para mí uno de los principales retos como comerciantes es el hecho de triunfar en ambos sentidos, en el negocio y en lo familiar. El negocio requiere mucha dedicación y uno tiene que dar calidad de tiempo a los hijos para que sean triunfadores en este país. Yo veo muchas oportunidades que a veces no aprovechamos como son las clases de arte en el Fleisher o las clases de baile en Settlement Music School que son a un costo bajo.

"Como llevo tantos años aquí en Estados Unidos y uno ve tantas cosas que le pueden pasar a los paisanos para mí es una satisfacción muy grande que se acerquen a mí para pedir consejos de cómo abrir un negocio ya que no me considero una persona egoísta. No quiero que pasen por situaciones que mi esposo y yo hemos pasado como comerciantes. También apoyamos a otros grupos de mexicanos que se acercan a nosotros y nos piden ayuda. Realmente me gustaría que hubiese unión y armonía entre todos nosotros.

Creo que participar activamente en los festivales mexicanos y en actividades comunitarias como voluntaria lo traigo de mi abuelo y de mi padre. Mi abuelo Andrés Muñiz fue presidente municipal de Tecomatlán y se postuló para gobernador de Puebla. Mi padre, Arturo Muñiz, fue un participante activo de Antorcha Campesina [llamado ahora Movimiento Antorchista]". Actualmente Ana Cristina y su esposo Carlos son dueños de la tienda "El Changarro" en Norristown, PA y siguen viviendo en el Sur de Filadelfia con sus tres hijas.

Ana Cristina Muñiz-Romero

Grupo Xicoatl

La Tienda/ Xicoatl Group/ El Changarro

Ana Cristina was born in Tecomatlán in the state of Puebla and at the age of 15 she emigrated to New York where one of her older sisters lived. The youngest of a family of eight children, she had always wanted to be close to her older sisters, and the opportunity arrived in September of 1985. She has resided in the United States for 26 years.

Ana Cristina began a new life while at the safe time adapting to the climate and to a place where she didn't speak the language. "So as not to be a burden, I asked my sister to find me work, and so it was that I entered a clothing factory where I buttoned shirts by the thousand, working nine hours a day with a payment of five cents per shirt buttoned." She lasted a year working there because she did not adapt to the place and the kind of work.

"Another of my older sisters lived in Camden, New Jersey, and I moved to live with her. I dedicated myself to working hard and to studying English so that the language would not be an obstacle to moving forward." So she studied English for three consecutive years, from nine in the morning to three in the afternoon, and then she went to work at a printing press from five in the evening until two in the morning. "Yes, I really slept few hours, but it was very important for me to learn English. When I was studying English was when I met my husband, Carlos Romero, who's from the state of Michoacán."

At that time, not many Mexicans were living in Camden, and Ana Cristina teamed up with her siblings to open El Taco Loco, the first restaurant serving Mexican food in that city. She worked there for five years preparing food. "Although I don't like to cook and I was a cook out of necessity, I had great success, as many people came on the weekends to eat the giblets and tripe that I made. Dr. José Castillo, may he rest in peace, came to visit our restaurant and to sell me sweaters from Chiconcuac."

Ana Cristina stopped being a partner in El Taco Loco because after five years she wanted a change of activity. Her husband, who is very creative, outfitted a school bus as a mobile shop, and so they started to sell Mexican products.

"In those years there weren't Mexican stores in the villages where our countrymen lived. Many people knew us in New Jersey and Pennsylvania as our bus visited different towns such as Vineland, Bridgeton, Hammonton, Willingboro, Quakertown, Bensalem, Upper Darby, and the north, center, and south of Philadelphia.

"We were the first Mexicans to open a shop in the mall on 6th Street and Washington in South Philadelphia. At the beginning the Asian owner didn't want to rent us the premises because he said that we were selling different products from theirs, and he feared that we wouldn't be able to pay the rent. But we asked him to put us to the test for a few months. The business prospered and we started to offer other services, such as sending money, packaging, cashing checks, and even ID cards, because the consulate didn't offer consular registration back then. Furthermore, we started selling tamales because the customers wanted something more from us, and so great was the success of our tamales that we sold three thousand tamales in one weekend, and even the most important newspaper in Philadelphia took the time to make a report."

After two years, the number of Mexican restaurants had increased. Ana Cristina and her husband Carlos decided to sell the business at wholesale, moving the store onto 2nd Street and Washington. Thanks to the generosity of the Romeros couple, the store, which as a commercial warehouse had a very large area, was a space for holding community meetings, parties, and dance classes.

"In fact, there was born the Xicoatl Folkloric Dance of Mexico Group. The name in the Nahuatl *language means 'Wandering Star.' My three daughters, Christina, 17 years old, and the twins Alicia and Elisa, 15 years old, have formed a part of the group since its foundation; ever since they were small they have taken dance classes like tap, ballet, hip-hop, and, of course, Mexican regional dance. The Xicoatl Group made its debut in the first celebration of Cinco de Mayo in South Philadelphia."*

With the support of her husband, Ana Cristina met and invited Alejandro García, a dance teacher, to teach classes of folklore completely for free. He purchased Mexican apparel and the group has had many performances, both in the state of Pennsylvania and in south New Jersey.

"My daughters ask me why our family is so abnormal, why we spend all the time working, they, studying, doing their chores, and even agreeing to participate in cultural events like Día de las Madres, September 15, October 12, Cinco de Mayo, and, like it's already a tradition, our participation in a hospital in south New Jersey."

In 2006, Ana Cristina ran for president of the Steering Committee of the Aztec Pride Association, the first organization of Mexican merchants in south Philadelphia. Emili Espinosa was secretary and Marcos Tlacopilco was treasurer. The Aztec Pride Association had eleven members including the Romeros couple. "Well, I ran for president of the Steering Committee of the Association since I have always liked to participate well within, and I give the best myself. The purpose is to help the merchants who aren't yet established, whether in the financial aspect, counseling, or guidance. Another aim is to defend our rights as merchants.

"For me, one of the principal challenges as merchants is the task of triumphing in both senses, in business and in the family. Business requires a lot of dedication and you have to give quality time to your children so that they're winners in this country. I see a lot of opportunities that we don't seize, the art classes at the Fleisher or the dance classes at Settlement Music School, which are low cost.

"Since I've spent so many years here in the United States, and you see so many things that can happen to your countrymen, for me it's a great satisfaction that they come to me to ask advice about how to open a business. Since I don't consider myself a selfish person, I don't want them to go through the situations that my spouse and I have passed through as merchants. We also support other groups of Mexicans who come to us and ask us for help. I really wish there were unity and harmony between all of us.

"I believe in participating actively in the Mexican festivals and in community activities such as volunteering, and I take this from my grandfather and my father. My grandfather Andrés Muñiz was municipal president of Tecomatlán and he ran for governor of Puebla. My father, Arturo Muñiz, was an active participant in the Antorcha Campesina [now called the Antorchista Movement]."

Currently, Ana Cristina and her husband Carlos are owners of the store El Changarro in Norristown, PA, and they continue to live in South Philadelphia with their three daughters.

--Translation by Daniel B. Browning

Los Negociantes / *The Businesses Owners*

A principios de los 90s, una pequeña ola de mexicanos se estableció en Filadelfia, haciendo trabajos de servicios, comenzando pequeños negocios y formando comunidades en el norte y el sur de Filadelfia. En 1995, el primer negocio abrió en el Sur.

El Mercado Italiano, corredor comercial sobre la calle 9, entre 2 calles, tiene 39 de los 83 negocios mexicanos del Sur.

In the early 90s, a small wave of Mexican immigrants arrived in Philadelphia, performing service work, opening small businesses and starting communities in North and South Philadelphia. In 1995 the first business opened in South Philly.

The "Italian Market," commercial corridor on 9th Street contains nearly 39 of the 83 Mexican businesses of South Philadelphia within a two-block radius.

Raúl Castro

Raúl Castro

Restaurante "Plaza Garibaldi"

"Mi socio, Bulmaro, y yo empezamos a buscar un lugar y habíamos visto donde ahorita está La Lupe. También nosotros fuimos a ver, peor no nos convenció el sito .Queríamos algo más como este lugar que para ese entonces estaba un poquito más mejor el restaurante al través del tiempo ya se deterioró. Pero cuando entramos todavía los dueños lo tenían intacto con los manteles y servilletas lo tenían como tipo italiano. Fue un poquito difícil pero al final de cuentas nos lo rentaron. Entonces yo seguía trabajando en la carnicería un año más para que pudiéramos seguir con el negocio. Entonces después de eso fue difícil al principio. Pero no pensamos que fuéramos a tener éxito. Después de que abrimos estaba tranquilo, pero después de cómo a los tres o cuatro meses empezamos a recibir más gente y más gente.

De repente nos dieron unos artículos en los periódicos que de alguna manera éramos inmaduros, sin experiencia, pues había muchas cosas que no hacíamos bien y pensaban que iban a encontrar o sea un restaurante manejado por gente que ya tenía experiencia. Y entonces había muchas cosas que quizás a lo mejor no hacíamos bien. No nos dieron buenos artículos pues en realidad eso a la larga de alguna manera no importó mucho porque nosotros siempre estábamos llenos en ese entonces. Venían los fines de semana y estábamos llenos. Entonces ya después de eso de que los artículos que nos escribían de por sí no eran muy buenos pero ya no les pusimos atención. Nosotros seguimos con lo que estábamos haciendo y pues este al final de cuentas este lo que más mantuvo al restaurante abierto fue la comida fue suficiente. No me parece que los artículos sean un criterio para juzgar a uno.

Creo que abrimos un 21 de septiembre, no sé si fue 21 ó 20 de septiembre hace nueve años. La base del éxito del restaurante fue la comida. Algunos de San Luis Atzala abrieron en ese entonces en Camden el restaurante San Lucas ya tenía mucha clientela.

Aunque el nombre Plaza Garibaldi no suena así netamente mexicano, pero sí es algo muy mexicano. Entonces se les explicaba a los clientes. Hubo varias veces que algunos americanos entraban y pensaban que era pizzería por lo de Garibaldi. Venían y sí pedían la pizza. No, no aquí no es pizzería aquí tenemos comida mexicana, y es que la bandera y el nombre Garibaldi entonces como que suena así italiano.

Yo personalmente pues iba mucho a Garibaldi [en el Distrito Federal, México] con mi novia, la que ahorita es mi esposa a la Plaza Garibaldi para conquistarla. Me gustaba mucho llevarla a bailar. Íbamos al Tropicana, íbamos a comer. Aunque nunca tuve la oportunidad de cantarle al frente de los mariachis. Muchos paisanos que saben de lugar nos preguntan ¿dónde está el mariachi?

Empezamos con un presupuesto muy bajo, pero de repente como que pesaba un poquito el nombre.

Yo como le digo me crié allá en La Merced y en la Central de Abastos. Son lugares a donde a la hora de comer hay barbacoa, hay carnitas y hay una cocina económica. Hay mucha variedad de comida.

Entonces yo le decía Bulmaro 'vamos a hacer esto, vamos a hacer el otro'. Me acuerdo que comprábamos cosas e íbamos a mi casa donde vivíamos nada más mi esposa y yo. Teníamos el chance de cocinar, de hacer experimentos. Entonces por que en ese tiempo en casa de mi socio no se podía porque vivía mucha gente en la casa de él. En ese tiempo en las casas vivía mucha gente por lo regular. En ese tiempo nuestras casas teníamos que dividirlas con más personas para solventar los gastos y nosotros teníamos ese chance de que vivíamos en una casita y no había quien nos dijera porqué están haciendo esto y lo otro.

Entonces ahí practicábamos y luego íbamos apuntando, íbamos escribiendo y sí o sea al principio como le digo los tres primeros meses creo que fueron un poquito difíciles, tres cuatro meses. Pero ya después de repente la gente sí venía y dame una sincronizada, un cóctel de camarón, una torta. Sabes que una tampiqueña y de ahí empezaron a surgir más ideas.

Sí, ha variado un poquito el menú, pero hemos mantenido las cosas que desde un principio nos dieron resultado y que a la gente le gusta.

Entonces fuimos agregando algunos otros platillos, pero se mantuvo la base de lo que es el menú. Y hasta ahorita con la gran mayoría de restaurantes nuevos que hay yo puedo decir que aún seguimos teniendo la variedad más grande. Cuesta mucho trabajo.

A veces es frustrante cuando uno queda mal con el cliente porque de repente no salen las cosas como ellos quieren. O sí uno lo siente nos da como le diré pena, pero muchas veces tratamos de satisfacer, pero a veces también es bien difícil. Sí, hemos quedado mal varias veces, pero es una responsabilidad y se tiene que seguir haciendo porque ya no podemos, a estas alturas, no se puede cortar el menú y decir porque puede haber una persona que viene buscando algo que probó y le gustó y si la quitamos pues se van a decepcionar.

Y como le digo sí ha sido bonito el reto y más ahorita con la variedad de restaurantes que hay. Es bonito el reto y más ahorita con la variedad de restaurantes que hay. Es bonito, le digo porque yo lo viví trabajando aquí en nueve *street*, y siendo uno de los pocos dueños del negocio que trabajaron en la nueve y que se animaron a abrir restaurantes. Bueno, esto es sobre el restaurante. Ahora sobre el desarrollo de la comunidad sí me tocó vivirlo también de cerca ver como ha crecido poco a poco hasta llegar a este grado porque antes nos encontrábamos nada más este los que éramos paisanos de áreas cercanas. Casi por lo regular nos conocemos todos porque aunque no hablábamos, pero veía las caras familiares cuando íbamos a jugar futbol en la 10 y la Ritner. Eran las mismas personas que cada semana nos juntábamos ahí. Empezamos con dos equipos, luego se hicieron cuatro, luego se hicieron seis, se hicieron ocho, se hicieron diez hasta que llamaron a [Jorge] Magos. Yo lo conozco personalmente para que administrara la liga. Yo fui uno de los que inició ahí jugando futbol en ese tiempo. Y precisamente el futbol está muy relacionado como desarrollo de la comunidad porque ahí es donde usted se daba cuenta como llegaba el domingo y que esta persona ya trajo a su esposa, ya trajo a sus hijos entonces de repente no los veía por acá, pero los veía el domingo ahí con toda la familia ya junta. Entonces de ahí ya sale la cadena del primo, el hermano, el vecino, el cuñado de otra .Entonces esa cadena es imparable.

Es decir fue muy similar el '99. Entonces de repente pues ya después todo ha ido de la mano. Me tocó todavía ver que ya no conozco a muchas personas porque desde que empezamos con el restaurante ya no tuve tiempo para envolverme más en el futbol. Pero me tocó así lo esencial de repente ganaban una final de fútbol y se venían a celebrar aquí al restaurante muchas veces muchas veces. Entonces este pues de alguna manera también alimentaba los negocios en sí como era aquí me imagino que eran dos o tres restaurantes así y este pero fue una manera, el futbol fue algo importante también para apoyar a los negocios.

Estuve muy también muy en tiempo de las marchas a mí sí me dieron miedo nunca estuve de acuerdo. Sí apoyé, sí apoyé tuve una amistad con Ricardo [Díaz Soto] .El día después de la marcha se hizo aquí la reunión en el restaurante para que hablaran de los cambios.

Había mucho fervor ese día pensaba, uno se contagia pero yo seguía con mis temores de que en realidad yo no sabía que magnitud iba a tener eso."

Raúl Castro

Restaurante "Plaza Garibaldi"

"My partner Bulmaro and I began to look for a place and we had seen the location where La Lupe was opened. We went to see it and we weren't convinced about that location. We wanted a place just like this one which by that time was in better conditions than today, it has deteriorated as time goes by. But when we entered this restaurant it still had tablecloths and napkins Italian style. It was a Little difficult at the beginning, but final the owner rented us the space. By then I still continued working one more year in the butcher shop in order to afford the business. After that, the start-up was difficult. Bu we thought we wouldn't be successful. After we opened the restaurant, we didn't have a lot of customers. After three or four months we had more and more customers.

Suddenly an article was published in the newspapers stating that we were immature, inexperienced because there were many things we didn't know how to do. And the critic was expecting to find a restaurant operated by more experienced people. At that time there were many things we didn't do right. We didn't have good press and on the long run it didn't matter much to us because our place was always packed. Customers came in the weekends and the restaurant was packed. We still didn't have good press but we didn't pay mind. We continue doing our usual work and on the long run it was the good food that kept our business going on, and that was enough for us. I don't think that articles are the best way to judge you.

I believe we opened September 21, though I'm not sure if it was the September 21st or the 20th nine years ago. The foundation of our success is our food. At that time, some people from San Luis Atzala opened the restaurant San Lucas in Camden, NJ and had a lot of customers.

Even though the name Plaza Garibaldi doesn't sound Mexican, in a way it's very Mexican. So we would explain that to our customers. There were many times that American came in and thought it was a pizza shop because of the name. We'd tell them, 'no no it's not a pizza shop, we have Mexican food'. Maybe it's because of the similar flags and the name that sounds Italian.

I personally went often to Garibaldi [in Mexico City] with my girlfriend who is now my wife. I took her there to woo her. I loved to take her dancing. We went to the Tropicana to dine, though I never got a chance to sing to her with the mariachis. Many countrymen who know Plaza Garibaldi ask me where is the Mariachi?

We started the business with little budget but we were making a mark with that name.

As I told you before I was raised in La Merced and in Central de Abastos, places where you can find barbacoa, pork fried meat at very low prices. There's a lot of food variety.

So I would tell Bulmaro 'let's do this and that'. I recall that we would buy produce and go to my house where only my wife and I lived. We had opportunity to cook and experiment. At that time we couldn't cook at my partner's home because there were a lot of people living there. Usually in those days, many people lived in one place in order to share the expenses. My wife and I lived in a small house and nobody could tell us what to do or what not to do.

So, we practiced cooking our dishes and took notes. And yes, at the beginning the first three months were difficult, three or four months. But after that suddenly a customer would ask for a sincronizada, a shrimp cocktail, a Mexican sandwich, or give me a meat Tampico style and that's when more ideas came about.

Yes, the menu has changed a little bit, but we have kept the dishes that were successful and the people like.

So we added more dishes but we kept the basic ones in our menu. And even now in spite of the many restaurants that have been opening, I can say that we still have the largest variety. It takes a lot of work.

Sometimes is frustrating when you don't give the customers what they expect and I feel embarrassed, but many times we like to please the customer, but many times it's very difficult to make it happen. Yes, there have been times that things go wrong, but it's a responsibility and you have to move on because at this stage we can't downsize our menu. If we eliminate some dishes and a customer comes for those in particular, the challenge has been nice now with the variety of restaurants here. And I can tell you it's nice because I was one of the few business owners here on Nine Street that worked here and dared to open a restaurant. Well that's enough about the restaurant. Now talking about the community development, I've been witnessing its growth. In past years you didn't see any Mexicans. We almost knew each other and distinguished familiar faces. We usually see each other when we went to play soccer at 10th and Ritner. We were the usual players who got together. We started with two teams, then we had four, then six, eight up to ten until they called [Jorge] Magos to manage the league. I was one of the founding members of the soccer league. And truly, soccer is very related to the community development because every Sunday you would see wives, children, the families and extended families with cousins, in-laws and even neighbors. It was an unstoppable social chain.

It was very similar to '99. Then suddenly everything went hand in hand. I realized also that I didn't know many people because after I opened the restaurant I didn't have any free time to be involved with soccer. But many times when there final matches, the winning team would come to the restaurant to celebrate So they supported our business and I can imagine if they came to my restaurants there would be two or three benefited from it. Thus, it was a way that soccer games would support the small businesses.

I was also aware of the marches and I was afraid and was never in agreement. Yes, I supported them and yes I had a friendship with Ricardo [Díaz Soto] .The day after the march, a meeting was held here to talk about the changes. There was a lot of zeal, I thought, and it's contagious but I continue with my concerns that truly I didn't know the extent of all this."

--Translation by Leticia Roa Nixon

Marcos y Alma Tlacopilco

Marcos y Alma Tlacopilco

Pescadería Marco's

Cuando Marcos vino al Sur de Filadelfia consiguió trabajo en una pescadería. Pronto aprendió el trabajo y su jefe lo dejó a cargo del negocio. A un empleado afroamericano llamado Big Mike no le pareció eso y dijo que no estaba de acuerdo en que un mexicano lo mandara y sobre todo que ni siquiera hablara inglés. Marcos dejó la pescadería y el dueño le llamó para saber cuál era el problema. Afortunadamente contó con el apoyo de su patrón y no sólo regreso a la pescadería sino que con el tiempo abrió su propio negocio en el cual trabaja su esposa.

Marcos siempre ha apoyado a los demás negociantes, contribuye con donativos para eventos de la comunidad mexicana del Sur de Filadelfia y cuando hubo oportunidad de salir a manifestaciones en pro de una reforma migratoria estuvo presente en Un Día Sin. También participó en una gran marcha en Washington, DC junto con su esposa.

A pesar de que al principio había miedo, los organizadores de Un Día Sin eran personas con experiencia entre ellos Ricardo Díaz Soto, Carmen Marcet y Regan Cooper que protegieron a los inmigrantes y les instruyeron qué hacer en caso de ser detenidos.

Marcos tanto como Alma trabajan en la pescadería y atienden a sus tres hijas, Jennifer, Karen y Almita brindándoles la oportunidad de ir al catecismo en la iglesia y a clases de baile folklórico, artesanías y campamentos de verano en Casa Monarca.

Una de las actividades favoritas de Marcos es la lectura y la alimentación saludable. Hace como ocho años fue tesorero de la Asociación Azteca cuyos miembros eran pequeños comerciantes mexicanos del Sur de Filadelfia.

Actualmente Marcos habla más inglés y contribuye al desarrollo económico del corredor de la calle 9 sur.

Para estar al lado de su esposo, Alma también se vino a Filadelfia en una época en que casi no había mexicanas ya que la mayoría se quedaba en México esperando el regreso de sus esposos. Tenía que compartir el lugar donde vivía con 16 personas, siendo la única mujer. Eso fue en 1995.

Al igual que Marcos, una de las barreras a superar al mudarse a esta ciudad fue aprender inglés. Alma recuerda un dicho de su padre que está muy bien dicho. "Se aprende más en la necesidad que en la universidad." Debido a que los clientes la hacían sentir mal por no hablar el idioma, Alma se decía a sí misma, "tengo que aprender, tengo que aprender."

Tanto ella como su esposo tienen la meta de trabajar duro y de no vivir del gobierno. Con gran determinación y gusto participan en varios eventos de la comunidad como son las celebraciones de la Virgen de Guadalupe, del 5 de mayo, Las Posadas y las actividades de la Iglesia Santo Tomás de Aquino.

Aunque los primeros años en Filadelfia no fueron fáciles para Marcos y Alma han salido adelante gracias a su trabajo y unión familiar. Al principio ella trabajo en una fábrica de ropa mientras que Marcos laboraba en una pescadería. Con el tiempo consiguieron su propia casa y dos terrenos en México.

Serán recordados por su participación en "Un Día Sin" del 14 de febrero del 2006 donde Marcos fue uno de los organizadores y Alma declamó un poema rodeada por sus dos hijas, Jennifer y Karen frente a una multitud de mil personas.

Uno de los párrafos del poema que escribió Alma es el siguiente, imitando la forma en que hablan los indígenas de Tezmelucan: "Allá en México, mis flores tan lindas, mis verguritas y mis calabazas mi las mató el frío. Por eso mi virgencita[de Guadalupe] estoy aquí luchando para poder vivir. Pemite qui nos reconozcan por lo qui somos y qui no digan qui somos terroristas. No vamos a perder la esperanza ni la confianza en que en algún día el corazón ablande a los grandes líderes para poder vivir en libertad y así poder trabajar."

¡Aquí Estamos!

Marcos and Alma Tlacopilco

Marco's Fish Store

When Marcos came to South Philadelphia he got a job in a fish store. He soon learned how to do a good job and his boss let him be in charge of the business. An African-American employee called Big Mike didn't like that and told him he wouldn't orders from him, a Mexican who couldn't even speak English. Marcos left his job and the owner called him to find out what the problem was. Fortunately, he had his boss' support and not only Marcos went back to work but eventually he opened his own fish store where his wife, Alma, works too.

Marcos has always supported other small business owners, he gives donations to Mexican community events in South Philadelphia and when there was an opportunity to participate in rallies advocating for a fair immigration reform. He was there during "One Day Without Immigrants". He also participated in a large march in Washington DC, along with his wife.

Even though participants were afraid at the beginning, the organizers of "One Day Without Immigrants" had experience in this events, among them Ricardo Díaz Soto, Carmen Marcet and Regan Cooper who protected the immigrants and instructed what to do in case of being stopped by the police.

Marcos and Alma work in the fish store and take care of their three daughters Jennifer, Karen and Almita supporting them to attend catechism classes at Church and Mexican Folkloric Dance; Arts and Crafts classes and Summer Camp at Casa Monarca.

One of Marcos' favorite hobbies is reading and healthy eating. About eight years ago he was Treasurer at Asociación Azteca where the members were Mexican small businesses owners of South Philadelphia.

Presently, Marcos speaks more English and contributes to the economic development of the S. 9th Street Commercial Strip.

In order to be with her husband, Alma also came to Philadelphia in a time when there were few Mexican women because most of them remained in Mexico waiting for the return of their spouses. She had to live in a house with other 16 people as the only woman. That was in 1995.

Like Marcos, she experienced the language barrier in this city. Alma remembers a saying that his father told her and is truly a wise saying. "You learn more in need that in the university". When the clients made her feel bad, she'll say to herself, "I have to learn English, I have to learn English".

Marcos and Alma's goal is to work hard and not to be on welfare. They are determined to joyfully participate in community events such as the celebrations for Virgin of Guadalupe, Cinco de Mayo, Las Posadas and activities of St. Thomas Aquinas Church.

Even though the first years in Philadelphia weren't easy for Marcos and Alma they have advanced thanks to their work and family unity. At the beginning she worked in a clothes factory while Marcos worked at a fish store. Eventually they bought their house and own two terrains in Mexico.

They will be remembered for their participation in "One Day Without Immigrants" march and rally in February 14, 2006. Marcos was one of the organizers and Alma recited a poem she had written for his occasion as she was surrounded by her daughters Jennifer and Karen before a crowd of one thousand people.

One of the poem's paragraph that Alma wrote, imitating the way the Indigenous people of Tezmelucan speak is the following: " Over there in Mexico, my flowers that were so beautiful, my vegetables and squash were killed by the cold weather. That's why my dear Virgin of Guadalupe I'm here fighting in order to survive. Please help us to be recognized as we are and not as terrorists. We're not going to loose hope or the trust that one day the great leaders' hearts will soften so we can leave in freedom and we can work".

--Translation by Leticia Roa Nixon

Silvestre Torres

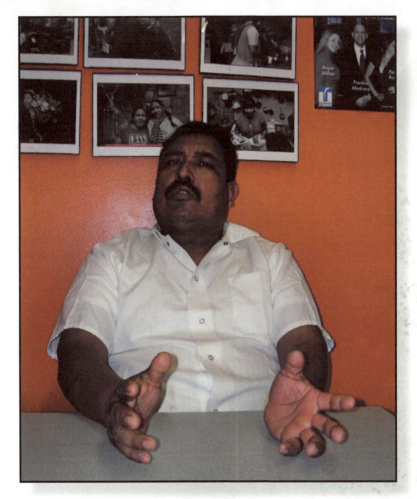

Silvestre Torres

Restaurant "Taquitos de Puebla"

Silvestre Torres, comerciante poblano que abrió su negocio "Taquitos de Puebla" hace ocho años en la calle 9 en el Sur de Filadelfia.

Lleva ocho años viviendo en la ciudad y a su parecer ha habido muchos cambios desde que llegó.

¡Aquí Estamos!

"Ahora nos podemos sentir como que estamos en México. Se han abierto más negocios, eso quiere decir que la comunidad se quiere quedar aquí. Planean traer a la esposa. Algunos han traído a su esposa e hijos y han montado su negocio.

La base es que hay mejor oportunidad. Yo en mi caso que he sido cocinero lo quise hacer en México pero no hay dinero.

Somos trabajadores que luchamos por lo mejor para nuestra familia. Uno llega con una meta pequeña y hacemos metas más grandes. Pero creo que lo que nos preocupa son los rumores de inmigración. Estamos expuestos a ser detenidos por la policía que nos deporta. Los que estamos haciendo un patrimonio estamos preocupados.

En 2002 puso su negocio pero con el problema de inmigración no sabe qué va a pasar.

"Se están llevando dos o tres paisanos en la semana. Antes uno andaba manejando tranquilo por la calles y ahora se preocupa uno porque si no tiene documentos. Nosotros tenemos costumbres y hábitos en México y nos lo hemos traído todo. Desde los 18 años he sido comerciante y tengo una tienda de cosas para la Navidad que atiende mi esposa en San Mateo Ozolco. Pensé en abrir un restaurante en Puebla pero no hay recursos [allá] uno vive al día.

Ahora la crisis económica nos ha afectado mucho y las ventas se han desplomado 50%. No se sabe cuándo se resuelva. Si no se puede hacer nada agarro mis maletas.

Bush un mes antes de irse puso más candado a inmigración y el actual presidente [Barack Obama] no habla o menciona inmigración. No sé si le interesa. Irán, Irak, Juez Sotomayor. Quizás está trabajando pero no se ha visto nada de un año para acá que [algo] haya cambiado. Nadie quiere hacer negocios. Antes aquí cada mes se abría una tienda y ahora están cerrando.

Ahora lo que no está ayudando es ir a South Street los sábados y domingos y los festivales en Penn's Landing. Estamos trabajando con APM [Asociación de Puertorriqueños en Marcha] en lo del Festival de la Caña.

Eso es lo que nos ha ayudado pues las ventas se han desplomado por la incertidumbre acerca de la reforma de inmigración."

Silvestre Torres es uno de los comerciantes que ha ayudado a que haya más negocios en la calle 9.

Tras una reunión con el concejal Fran DiCicco, cuyo distrito incluye el sur de Filadelfia, el miércoles 6 de junio de 2007, hubo preocupación entre los comerciantes mexicanos cuyos negocios están en el bloque 1100 de la Calle Darien y la 9 entre Washington y Federal como zonas de desertización urbana.

El concejal DiCicco presentó la legislación al día siguiente, jueves 7, en la sesión de la Asamblea Municipal la cual tendrá pronto su acostumbrado receso de verano para reiniciar sus sesiones en septiembre.

Cabe mencionar que DiCicco le dijo a los 40 residentes que asistieron a la reunión que había emitido una promesa por escrito de que la ciudad no señalaría ninguna otra propiedad en el área por un año.

Las consecuencias de etiquetar áreas de la ciudad como de desertización urbana donde impera el abandono y el deterioro de las propiedades de hecho es una razón de preocupación. En Filadelfia existe una ordenanza que autoriza al gobierno municipal de Filadelfia de apropiarse de casas y edificios, es lo que se llama en inglés "eminent domain". Esto causó ámpula hace unos años en vecindarios del Norte de la ciudad y el área Northern Liberties donde fueron afectados residentes puertorriqueños.

"Claro que nos afecta directamente y parece que las autoridades no comprenden el esfuerzo que estamos haciendo.

Cuando nosotros llegamos a este lugar realmente estaba tirado a la calle, lleno de basura y drogadicción.

Nosotros arriesgamos nuestra inversión y hemos estado levantado el barrio. Ahora se están abriendo más negocios y con eso de que el concejal, las autoridades y el gobierno lo consideren 'zona de abandono' para su conveniencia, es motivo de preocupación. Va a bajar el precio de las propiedades, quizás se expropien edificios y se les venda a la iniciativa privada."

El concejal DiCicco dijo que más bien se refería ala vieja fábrica en las calles 9 y Washington donde una pescadería forma parte de ese edificio.

"Yo en lo personal estoy de acuerdo que se mejore esta zona pues esto va a atraer más turistas pero no estoy de acuerdo con las calles que se seleccionaron.

DiCicco dice que no va a pasar nada sino que son estrategias. Yo espero que ojalá cumpla con su palabra pues ese día de la reunión (6 de junio) se molestó porque él quiere trabajar con nosotros y hubo críticas. El jueves introdujo su legislación a pesar de la oposición y dijo que la gente puede votar por él en noviembre o no vota por él."

Silvestre Torres ha apoyado en los que se puede a los paisanos. Ha ayudado a la Iglesia de Santo Tomás de Aquino, entre otros, pero básicamente se ha dedicado al negocio desde las once de la mañana a la medianoche de lunes a viernes y los sábados y domingos de 10 de la mañana a la medianoche.

Silvestre Torres

"Taquitos de Puebla" Restaurant

Silvestre Torres, small business owner from Puebla opened his restaurant "Taquitos de Puebla" eight years ago on South 9th Street, in South Philadelphia.

He's been living eight years in the city and in his opinion there have many changes since he arrived.

"Now we can feel like we're in Mexico. Many small businesses have been established and that means that the community wants to stay here. Men are planning to bring their wife. Some have brought their wife and children, and have opened their business mainly because there are better opportunities to do so. In my case, I've been a cook and I wanted to open my business in Mexico, but there's no money there.

We're workers that strive for the best for our families. One arrives here with a small aim in life and then sets bigger goals. But what I think is a concern for us is the rumors about immigration. We are at risk to be stopped by the police and be deported. The ones like me that are building a business are worried about this."

In 2002, Mr. Torres opened his restaurant, but feels uncertain about what's going to happen due to the immigration problem.

"Two or three countrymen are taken away in a week. Before you could be driving at ease in the streets now you're worried if you're undocumented.

"We have traditions and customs in Mexico and we have brought them with us. Since I was 18 years old I've been a businessman. I have a store that sells merchandises for Christmas times that my wife takes care of in San Mateo Ozolco. I wanted to open a restaurant in Puebla but there are no resources and there you live from day to day.

Presently, the financial crisis has affected us a lot and the sales have plummeted 50%. We don't know when it will be solved; if nothing can be done about it, I'll pack my suitcases and leave.

A month before Bush left the presidency he put more padlocks on immigration and the present president [Barack Obama] doesn't talk or mention immigration. I don't know if he's interested in it--there's Iran, Iraq, Judge Sotomayor. Maybe he's working on it, but you can't see anything any changes in the last year. Nobody wants to open a business. Before, every month a store opened up and now they're closing down.

Presently what has been helping me is to go to South Street on Saturdays and Sundays and to the Festivals at Penn's Landing. We're working with APM [Asociación de Puertorriqueños en Marcha] at the Sugar Cane Festival.

That's what has helped us because the ales have plummeted due to the uncertainty about the Immigration Reform."

Mr. Torres is one of the small business owners who has helped that there are more businesses opened on South 9th Street.

"After a meeting with Councilman Fran DiCicco, whose [councilmanic] district includes South Philadelphia, on Wednesday June 6, 2007, there was concern among the Mexicans who had their small businesses on the 1100 block of Darien and S.9th Street between Washington and Federal, because it was considered a blight zone.

Councilman DiCicco introduced his bill next day, on June 7th, during the City Council session that will take its usual Summer recess to resume their sessions in September. It's pertinent to mention that DiCicco told the 40 residents that attended the meeting that he had made a written promise that the City would not point out another property in the area for a year."

The consequences to label City areas as blighted where properties abandonment and deterioration prevail, is something to worry about. In Philadelphia, there's the Eminent Domain Ordinance that authorizes the Municipal government to appropriate houses and buildings. This Eminent Domain Ordinance caused havoc several years ago in North Philadelphia and Northern Liberties neighborhoods where Puerto Rican residents were affected by it.

"Of course it impacts us directly and it appears to me that the authorities don't understand our efforts. When we arrived here this place was very neglected, full of trash and drug addicts.

We risked our investment and we have been upgrading the neighborhood. Now more business are opening and it's only for the convenience of the Councilman [DiCicco], the authorities and the government that this area is considered a 'blighted zone', this is a matter of worry. Because the value of the properties is going to go down, maybe some buildings are subject of appropriation and then sold to the private sector."

Councilman DiCicco said that he was referring to an old factory building at the corner of S. 9th Street and Washington Avenue where there's a fishery that's part of the building.

"Personally, I agree that if this zone improves it's going to attract more tourists, but I disagree with the streets that were selected."

¡Aquí Estamos!

DiCicco said that nothing of that is going to happen, that there are only strategies. I hope he keeps his word because the day of the meeting [June 6th] he got upset because he wants to work with us and there was criticism. That summer, he introduced his bill in spite of the opposition. And he said that people could or not vote for him on November."

Mr. Torres has supported his countrymen as much as he can. He has helped among other the church of St. Thomas Aquinas. But he basically has dedicated his time and energy to his restaurant from eleven in the morning to midnight, Monday through Friday, and Saturdays and Sundays from ten in the morning until midnight.

--Translation by Zac Steele

Las Iglesias / *The Churches*

Padre Abel Osorio Jaramillo, CM

Padre Abel Osorio Jaramillo

Primer Padre Mexicano en el Sur de Filadelfia

La comunidad mexicana del Sur de Filadelfia celebró con gran regocijo y enorme orgullo la ordenación y la primera misa del padre mexicano Abel Osorio Jaramillo en la Iglesia de Sto. Tomás de Aquino el 14 de junio del 2008.

Originario de un pueblo entre Avándaro y Valle de Bravo en el estado de México es uno de nueve hijos de Don Jacinto y Doña Sofía, quien creció en una pequeña finca de la ciudad de Toluca.

¡Aquí Estamos!

El Padre Abel vino a Estados Unidos hace 14 años. Al igual que muchos inmigrantes encontró trabajo, en su caso en una fábrica de hilos de algodón en Carolina del Norte donde vivía con uno de sus hermanos. Vino en busca de un futuro mejor aunque su vocación era ser sacerdote. Había comenzado brevemente sus estudios en el seminario de Toluca, la capital del estado de México.

Gracias a su anhelo de servir a la comunidad hispana, decidió continuar su sueño de ser sacerdote. Tuvo la oportunidad de que los padres vicentinos lo invitaran a participar con ellos y eventualmente se mudó a Nueva York para terminar sus estudios. Ahí tuvo que estudiar inglés, filosofía y teología.

Ya como diácono fue designado al Sur de Filadelfia. Resultó sorprendido de a dónde fue enviado ya que se imaginaba trabajando con los pobres.

En esta ciudad ayudó a organizar eventos tan importantes para los feligreses como es la pasión de Cristo en Semana Santa y la Fiesta Guadalupana. Aparte de sus deberes en el clero hispano, al diácono Abel le gustaba ayudar en lo que podía a la comunidad hispana.

El 14 de junio fue ordenado sacerdote en el santuario de Miracle Medal en el área de Germantown por el sumo sacerdote Alfonzo Cabeza Aristizábal y al día siguiente ofició su misa en la Iglesia de Santo Tomás de Aquino.

Los feligreses de las Iglesias Anunciación y Sto. Tomás de Aquino se unieron para celebrar en grande este evento histórico de la comunidad hispana, pero principalmente de la comunidad mexicana en el Sur de Filadelfia.

Más de 600 personas acudieron a la celebración en el salón anexo de la iglesia Sto. Tomás de Aquino quienes disfrutaron de ver al primer sacerdote mexicano en esta zona de la ciudad. Como siempre hubo comida para todos, cuatro pasteles y la música del Mariachi Los Halcones que alegró aún más a todos los presentes sobre todo cuando el Padre Abel fue invitado a guiar la fila de baile entre las mesas del salón.

Familiares de México, de Carolina del Norte y amistades se unieron al regocijo de ver que Abel Osorio Jaramillo fuese ordenado como sacerdote católico y tenerlo en la comunidad hispana del Sur de Filadelfia.

Su labor pastoral ha sido invitar a la feligresía a que hagan los Sacramentos y se unan a la iglesia como comunidad, así como celebrar a la Virgen de Guadalupe y las fiestas patronales como la de San Mateo Ozolco, la de San Simón y la de San Juan, entre otras, en las cuales participa toda la familia. De esa manera las fiestas patronales que hacen en México las celebran en Filadelfia y se las enseñan a sus hijos. Esto ayuda a la unidad de la comunidad y de las familias nuevas familias que se están formando aquí.

Acerca de la congregación el Padre Abel Osorio Jaramillo dice:

"Ha crecido bastante yo recuerdo hace tres años cuando vine por ejemplo los bautizos eran yo creo como cinco o seis cada mes y ahora por ejemplo este mes [junio del 2010] tenemos yo creo que nueve allá en Santo Tomás y parece que diez aquí casi veinte bautizos cada mes; se van teniendo más y más. Recuerdo hace tres años en diciembre enero ya no había bautizos. Había uno a veces ya ni uno y hoy no. Este año todo el año no bajaron de diez doce bautizos cada mes, aun en el tiempo de la nieve había bautizos. Entonces se ve que va creciendo bastante la comunidad. En el catecismo por ejemplo ya tuvimos que buscar otro espacio para catecismo en la Epiphany porque ya no era suficiente, en la Santo Tomás y a algunos los mandamos a la de aquí que es sólo en inglés. Pero no hay lugar más para hacerlo bilingüe o en español. Había más de cien niños en el catecismo y ya no teníamos lugar dónde ponerlos. Entonces se ve exactamente que va creciendo increíble bastante la comunidad.

--¿Y bodas?

¡Bodas! Por ejemplo este año yo creo que son once bodas las que va a haber en este verano que están habiendo una cada fin de semana. Algunos fines de semana tenemos dos, una el sábado otra el domingo.

Increíble como se acercaron y eso era lo más difícil. Recuerdo cuando yo llegué las bodas porque no querían porque decía que querían irse a casar a México con la familia y luego pues tienen razón. Pero muchos han dicho pero cuándo va a ser eso y yo también les digo, ¿cuándo? Pues yo creo que nunca.

Una señora dice ya tengo diez años y tres hijos y seguimos pensando que vamos a ir a México. Y desde que nos juntamos ya diez años y pensamos que vamos y que vamos y nunca vamos. Quizás, les digo, van a pasar otros diez años van a tener otros tres hijos y yo creo que no van a ir. Y entonces se casaron aquí.

Viendo la realidad es lo que a veces también les digo ciertamente la mayoría de nuestra familia está allá y sería bonito irnos a casar allá pero la realidad es que estamos viviendo aquí. Ya se juntaron aquí, ya viven juntos, ya tienen un hijo, dos o tres. Los niños van a la escuela. ¿No vamos ir a México? ¿cuándo? Y muchos en realidad despiertan y dicen pues sí. Aquí está ahora la nueva familia que estamos formando, está aquí y no podemos ir allá. No podemos pues tenemos que seguir adelante aquí con nuestras vidas. Y como muchos son muy católicos dicen pues vivimos juntos vamos a misa, pero nos hacen faltan más participar de los sacramentos. Sentimos que algo nos hace falta. Y cuando los invitamos a participar en la iglesia en los retiros y eso pero sentimos que nos hace falta más por el hecho de no estar casados el participar completamente de los sacramentos.

Y dicen cuándo éramos niños nos gustaba mucho hacer eso y hoy no podemos, nomás porque no estamos casados y en realidad dice, pues no hay ningún impedimento para casarnos sólo que pensamos que vamos a regresar y nunca regresamos a nuestro país. Ya estamos viviendo aquí y esta es una nueva familia y hay que hacer todo lo que hay que hacer como familia y muchos sí se están casando.

Les ayuda mucho sobretodo porque le digo ya tienen el matrimonio por lo civil un papel que comprueba que son ya parte de este país, de esta sociedad. Un papel de parte de la Iglesia que y son una familia de aquí.

--¿Piensa que la gente ya se está resignando a que la Reforma Migratoria se va a tardar o quizás no suceda?

Sí, eso ya he escuchado ya comentarios y pues qué triste porque en verdad así como está creciendo la comunidad y sobre todo hispana, pero de otras comunidades donde trabajamos como Santo Tomás que hay vietnamitas, indonesios y filipinos.

Todos estamos viendo lo mismo y se ve esa reflexión en ellos, porque pensamos en un futuro pero es muy incierto nuestro futuro. Y es cierto que estamos aquí, pero muy incierto nuestro futuro , y se ve ese desánimo desde que por ejemplo el presidente que se veía mucha emoción antes y hoy dice pues ya no. Ya su primer mandato va a terminar y ya no va a hacer nada y empieza el segundo. Va a empezar otra vez quizás con otras cosas nuevas y realmente ya no se ve ninguna esperanza realmente alentadora y se ve en el rostro de las familias; es realmente bien triste.

--Padre, además de la barrera del idioma qué otros problemas enfrentan los inmigrantes?

Bueno, sí ciertamente la barrera del idioma y otro que por la cuestión de indocumentados les da mucho miedo ir a bastantes lugares a pedir servicios. Aquí en la iglesia tenemos una trabajadora social, Yurizán Galicia, ella hace in montón de cosas. Ella demuestra que todo se puede que es cuestión de preguntar a quién los ayude y se puede.

Y ella ofrece desde todo ayudarlos con papeles equivocados con sus niños, con sus hijos, con el seguro social, conseguir un seguro médico para los que no tienen seguro médico y que van al hospital y les llegan unas cuentas tremendas que pagar, eso sí les ayuda incréiblemente mucho y muchos no saben eso, cómo conseguir seguro médico. Es increíble cómo les ayuda.

Pero muchos de ellos piensan que el hecho de ser inmigrantes o ilegales ya les cierra todas sus puertas todas sus posibilidades. Y eso sí los limita mucho y como que les desanima e inclusive a aprender el idioma, a tomar sus clases. Y yo digo no tiene que ser así y tienen que seguir adelante en la realidad que estamos viviendo, pero aquí estamos viviendo y tenemos que afrontarla y seguir adelante. Porque hay muchas otras cosas que hacemos que por ejemplo muchos que manejan aun sin licencia de pronto el policía les quita su carro y se los llevan y tenemos que ir a recoger y ellos les salieron con que les piden una identificación para comprobar que el carro es de ellos; no importa que no tengan licencia y eso les da bastante miedo. ¿Qué más pues? pues sobre todo preguntar por servicios que sí pueden obtener y que piensan que no.

Muchos tienen una idea increíblemente equivocada que si piden ayuda del gobierno cuando los niños estén grandes una señora me dijo entonces que el ejército se los va a llevar porque tienen que pagar lo que están ahora recibiendo de *welfare* y todo eso. Yurizán les ayuda mucho mucho en todo eso; cómo pedirlo. En situaciones de violencia doméstica todo eso como guiarlos, decirles qué es lo que se tiene qué hacer. Es increíble, ella hace tantas cosas le digo yo a veces yo creo que tú los confiesas nomás diles que yo les pongo la penitencia que vayan conmigo y ya porque ellos van con ella también para todo para todo. Pero muchos no saben que hay muchas cosas que se pueden hacer, lograr.

--Padre, ¿ha notado un cambio entre los jóvenes y si es así qué está haciendo la iglesia para encauzarlos?

Muchos jóvenes vienen a misa y realmente ahorita yo creo que yo puedo decir que no hemos hecho casi nada con los jóvenes es el equipo de los padres que estamos trabajando con los retiros hemos visto que lo que hace falta ahorita es los jóvenes casi nada hemos hecho con ellos. Estamos empezando un grupo y ya van como apenas tienen unos diez o doce yo creo jóvenes y estamos pensando si hacemos un retiro para jóvenes y empezar a hacer algo con los jóvenes, pero actualmente estamos empezando. Que hay muchos jóvenes y ver que ciertamente están perdiendo sus valores los valores que traían y ver que son jóvenes que si llegan solos tienen su trabajo y la soledad yo creo que es tremenda aquí para un joven y joven de 18 ó 20 años que si no tenía dinero cae por aquí de pronto ya tiene trabajo tiene en su cartera dinero y todo bueno lo primero que hace es buscar los amigos, el alcohol, el vino y la prostitución es lo primero que ellos encuentran. Muchos se están perdiendo.

A las misas vienen muchos jóvenes de ambos sexos masculino y femenino y vienen algunos adolescentes hasta 18, 20 años que por esa soledad luego se juntan y realmente no piensan en una familia para el futuro. A veces hay muchas jovencitas que quedan embarazadas y ya son mamás solteras se quedan solas y son casos muy tristes porque dicen "pues ya estoy embarazada y sola y sin más familia mis papás están en México o ni quiero decirles o ni saben. Tengo miedo." Realmente se encuentran en una situación bien triste, ¿qué voy a hacer? Y otras hasta no sé desgraciadamente llegan hasta al aborto. Dicen yo prefiero abortar porque ya alguien me dejó y familia no tengo aquí y lo han hecho, como decía crímenes más serios que simplemente llegar y ponerse una borrachera y al otro día bueno, pues ya pasó, sino que es algo más serio y sí yo creo, yo sé que tenemos que poner más atención en esta juventud.

--Padre, ¿es la Iglesia la que lo asigna a diferentes parroquias?

No. Yo soy misionero vicentino. Se llama la congregación de la Misión de San Vicente. Entonces cuando nos cambian a veces nos cambian muy lejos desafortunadamente o afortunadamente, no sé, y yo realmente ya me asignaron un nuevo trabajo para finales de *Labor Day*, a finales de agosto. La primera semana de septiembre ya me mueven a Carolina del Norte, un poco lejos de aquí. Finalmente yo siento pues como decíamos sentimientos encontrados.

Allá es donde yo llegué cuando vine por primera vez también de inmigrante en el '96 a trabajar también allá en los campos de tabaco, matando gallinas también. Y después ahí encontré a los Padres Vicentinos que donde me fui a estudiar con ellos. Pero después que terminé de estudiar ésta fue mi primera misión aquí en Filadelfia. Entonces llegué aquí antes de ser ordenado. Con ellos preparamos la Ordenación, la fiesta y fueron como mi primera comunidad, mi primera familia que tuve, y sí me siento muy triste.

Y pues por otra parte, pues, regresar a dónde estaba en Carolina del Norte tengo allá familiares, primos, sobrinos, un hermano. La comunidad ya la conozco entonces está bien. Las dos cosas son sentimientos encontrados, bonito y triste a la vez porque ésta fue como mi primera comunidad. Me siento bastante triste porque tengo que irme.

Así a nosotros nos mueven a veces tardamos bastantes años a veces muy poco, menos de un año y nos mueven muy lejos. Ni modo.

--Y es como muchas otras cosas que a veces es bien importante la continuidad.

Sí, realmente los que van a reemplazar porque son dos nuevos que vienen, dejamos los mismos proyectos igual ellos llegan sólo a continuar, a seguir y eso va a ser bueno porque no hay que empezar con algo nuevo o a ver qué piensa él. Ya las cosas que están llegan sólo llegan y las siguen ¡y ojala que siga mejor todavía, qué siga mejor!

¡Aquí Estamos!

Father Abel Osorio Jaramillo, CM

First Mexican Priest in South Philadelphia

The Mexican community of South Philadelphia celebrated with great pleasure and enormous pride the ordination and the first Mass of the Mexican priest Abel Osorio Jaramillo in the Church of St. Thomas Aquinas on June 14, 2008.

A native of a town between Avándaro and Valle de Bravo in the state of México, he is one of nine sons of Don Jacinto y Doña Sofía. He grew up on a small farm in the city of Toluca.

Father Abel came to the United States 14 years ago. As do many immigrants, he found work, in his case in a cotton thread factory in North Carolina where he lived with one of his brothers. He came in search of a better future, although his calling was to be a priest. He had briefly started his studies in the seminary of Toluca, the capital of the state of México.

Thanks to his desire to serve the Hispanic community, he decided to continue his dream of being a priest. He had the opportunity when the Vicentian priests invited him to participate with them, and eventually he moved to New York to finish his studies. There he had to study English, philosophy, and theology. Now a deacon, he was appointed to South Philadelphia. He found himself surprised by where he was sent, as he had imagined himself working with the poor.

In this city, he helped to organize events as important for the parishioners as the Passion of Christ in Holy Week and the Fiesta Guadalupana. Apart from his duties in the Hispanic clergy, Deacon Abel was pleased to help the Hispanic community as he could.

On June 14, he was ordained a priest in the sanctuary of Miracle Medal in the area of Germantown by the high priest Alfonzo Cabeza Aristizábal, and the following day he officiated his Mass in the Church of St. Thomas Aquinas.

The parishioners of the Annunciation Church and of the Church of St. Thomas Aquinas united to celebrate as a whole this historic event of the Hispanic community, but principally of the Mexican community, in South Philadelphia.

The more than 600 people who attended the celebration in the joined reception hall of the Church of St. Thomas Aquinas all enjoyed seeing the first Mexican priest in this area of the city. As always, there was food for everyone, four cakes, and the music of the mariachi Los Halcones. This last made all those present even happier, above all when Father Abel was invited to guide the line of dancing between the reception hall tables.

Relatives from Mexico, from North Carolina, and friends united in rejoicing to see that Abel Osorio Jaramillo was ordained as a Catholic priest and to have him in the Hispanic community of South Philadelphia.

His pastoral work has been to invite the parish to make the Sacraments and to join the church as a community, just as in celebrating the Virgin of Guadalupe and the patronage festivals (like those of San Mateo Ozolco, San Simón, and San Juan, among others), the whole family participates. In this way, the patronage festivals that families have in Mexico they also celebrate in Philadelphia, and so the families teach them to their children. This helps the unity of the community and of the families, new families that are formed here.

About the congregation, Father Abel Osorio Jaramillo says:

"It has grown quite a lot. I remember three years ago when I came, for example, the baptisms were, I believe, around five or six each month. And now, for example, this month [June of 2010] we have, I believe, nine over there in St. Thomas, and, I think, ten here, almost twenty baptisms every month; they're having more and more. I remember three years ago in December, January, there weren't any baptisms. There was one, sometimes not even one, and today it's different. This year, all year, we didn't go below ten, twelve baptisms each month; even in the snow, there were baptisms. So you see that the community is growing quite a lot, in the catechism, for example. We've already had to find another space for the catechism in Epiphany because it wasn't enough anymore in St. Thomas, and we sent some of them there from here because it's only in English. But there isn't more room to make it bilingual or in Spanish. There were more than a hundred children in the catechism and we no longer have anywhere to put them. So you see exactly that the community is growing quite a lot, incredible.

--And weddings?

Weddings! For example, this year, I believe, there are going to be eleven weddings this summer, so that they're having one each weekend. Some weekends we have two, one on Saturday and the other on Sunday.

It was incredible as they approached. And that used to be what was the most difficult. I remember when I arrived, because they didn't want weddings, because they said that they wanted to go away to marry in Mexico with family and, well, they're right. But many have said, when is that it going to be? And I also say to them, when? Because I think, never. A lady said, "I've already had ten years and three children here, and we keep thinking that we're going to go to Mexico. And ten *years already since we got together, and we think that we're going, and we think we're going, and we never go." Perhaps, I told them, another ten years are going to pass, and you're going to have another three children, and I think that you aren't going to go. And so they got married here.*

Seeing the reality is something else I tell them sometimes. Certainly the majority of our family is over there, and it would be lovely for us to go get married over there, but the reality is that we're living here. They already got together here, they already live together, they already have one child, two, three. The children go to school. Aren't we going to go to Mexico? When? And many in reality wake up and say, well, yes. Here is, now, the new family that we're forming, it's here, and we can't go over there. We can't, since we have to carry on here with our lives. And because many are very Catholic they say, since we live together, we go to Mass. But we need them to participate more in the sacraments. We feel that we're missing something. And when we invite them to participate in the Church, at the retreats and all that, we still feel that we miss them more for the act of not being married and completely participating in the sacraments.

And they say, when we were children, we loved doing that and today we can't, because we aren't married. And they actually say, well, there isn't any impediment to us marrying, it's only that we think that we're going to return and we never do return to our country. And we're already living here, and this is a new family, and we have to do everything that there is to do as a family, and many are marrying.

It helps them a lot, above all because I tell them that they already have a civil marriage, a paper that proves that they are already a part of this country, of this society. A paper on the part of the Church that they are a family from around here.

--Do you think that the people are already resigned that immigration reform is going to take a long time, or maybe won't happen at all?

Yes, I've already heard that, there are already comments, and, well, how sad, because, in fact, just as the community is growing, and above all Hispanic, in other communities where we work like St. Thomas there are Vietnamese, Indonesians, and Filipinos.

We're all living the same and we see that reflection in them, because we think of a future, but our future is very uncertain. And it's true that we're here, but our future is very uncertain, and we see that dejection since, for example, the president, who we saw with much excitement in the past, today he says, well, not anymore. Already, his first term is going to finish, and right now he's not going to do anything, and start the second. He's going to start again, maybe with other new things, and really, we already don't see any really encouraging hope, and we see that in the faces of the families; it's really very sad.

--Besides the language barrier, what other problems confront immigrants?

Well, there is certainly the language barrier, and another that the matter of undocumented immigrants makes them very afraid of going to quite a lot of places to ask for services. Here in the church we have a social worker, Yurizán Galicia; she does a lot of things. She shows them that they all can, that it's just a matter of asking those who help them, and they can.

And she offers to help all of them with mistaken documents with their babies, with their children, with social security, and to obtain health insurance for those who don't have health insurance and who are going to the hospital and receive some tremendous bills to pay. That does help them an incredible amount. And many don't know that, how to obtain health insurance. It's incredible how it helps them.

But many of them think that the fact that they're immigrants or illegal already closes to them all of their doors, all of their possibilities. And that does limit them a lot, in how it discourages them even from learning the language, taking their classes. And I say, it doesn't have to be so, and they have to carry on in the reality that we're living, we're living here and we have to face it and carry on. Because there are many other things that we do; for example, many even drive without a license. Suddenly the police take their cars from them, and they take them away, and we have to go pick them up. And they leave if the police ask them for identification to prove that the car is theirs; it doesn't matter that they don't have a license, and that makes them quite scared. What else, then? Well, above all, asking for services that they can obtain and that they think they can't.

Many have an incredibly mistaken idea that if they ask for help from the government, then when the children are big, a lady told me, the army is going to take them away because they have to pay for what they're now receiving from welfare and all that. Yurizán helps them so much with all that; how to ask for help. In situations of domestic violence, all that, she guides them, she tells them that it's what they have to do. It's incredible, she does such things that I sometimes tell her, I believe that you confess them, just tell them that I'll impose penance on them, that they can go to me now. Because they already go to her for everything, for everything. But many don't know that there are many things that they can do, they can achieve.

--Have you noticed a change among the youth, and, if so, what is the church doing to advise them?

Many youth come to Mass and, really, right now, I believe that I can say that we haven't done hardly anything with them. It's with the team of parents with which we're working at the retreats that we have seen that what's missing right now is that we have done almost nothing with the youth. We are starting a group and, already, when they go, they have barely some ten or twelve young people, I believe. And we're thinking we may do a retreat for youth and start to do something with the young people, but currently we're just beginning. It's important to see that there are many young people and to see that they are certainly losing their values, the values that they brought here. And to see that they're young, so that if they arrive alone they have their work and solitude. I believe that it's tremendous here for a young person, and that a young person who's 18 or 20 years old, if they have money, they'll soon fall here. They already have work, have money in their wallet, and they all, well, the first thing they do is find friends, alcohol, wine, and prostitution, it's the first thing they find. Many are being lost.

Many young people of both sexes, male and female, come to the Masses, and some adolescents come until they're 18, 20 years old. Then, because of that loneliness, they get together and they really don't think about a family for the future. Sometimes there are many young women that get pregnant and are already single mothers, and they remain single. And they're very sad cases because they say, "Well, I'm already pregnant and alone and without more family. My parents are in Mexico," or, "I don't want to tell them," or, "They don't know. I'm scared." Really, they find themselves in a very sad situation: What am I going to do? And others, even, I don't know, unfortunately, they arrive at abortion. They say, I prefer to abort because someone already left me, and I don't have family here. And they've done it, as I said; more serious crimes than just arriving and getting really drunk and the next day, well, it already happened. This, rather, is something more serious. And I do believe, I know, that we have to put more attention on these young people.

--Is it the Church that assigns you to different parishes?

No. I'm a Vicentian missionary. It's called the Congregation of the Mission of Saint Vincent. So, when they move us, sometimes they move us very far away, unfortunately or fortunately, I don't know. And I, really, they already assigned me a new job for the end of Labor Day, at the end of August. The first week of September I'm already moving to North Carolina, a little far from here. Finally I feel, well, like we said, mixed feelings.

Over there is where I arrived when I came for the first time, as an immigrant in '96, to work there in the tobacco fields, killing chickens, too. And then, I found the Vicentian Priests there, where I left to study with them. But after I finished studying, this was my first mission, here in Philadelphia. Then, I arrived here before being ordained. With them we prepared the Ordination, and the party, and they were like my first community, the first family that I had, and I do feel very sad.

And, well, in any case, well, returning to where I used to be in North Carolina, I have relatives there, cousins, nephews, a brother. I already know the community, so that's good. The two things are conflicting feelings, nice and sad at the same time because this was like my first community. I feel quite sad because I have to leave.

So when they move us, sometimes we may take quite a few years, sometimes very few, less than a year and they move us very far away. Oh, well.

--And it's like many other things, that sometimes continuity is very important.

Yes, really, those that are going to replace us, because it's two newcomers that are coming, we're leaving them with exactly the same projects. They're arriving only to continue, to follow, and that's going to be good because one doesn't have to start with something new, or see what one thinks. Already the things that arrive, they just arrive, and they persist, and let's hope that it keeps getting even better, that it keeps getting better!

¡Aquí Estamos!

Los Artistas/*The Artists*

Desde 2003, la población mexicana ha crecido a más de 20,000 en el Sur de Filadelfia. Se ha manifestado en una manera cultural, contribuyendo sus costumbres y tradiciones en su nuevo hogar.

Since 2003, the rapid growth of the Mexican population surpassed 20,000 in South Philadelphia. It has become visible through the cultural contributions is has offered to their new home.

Muralista César E. Viveros Herrera

César E. Viveros Herrera

El mural "Nuevo Fuego" en la calle West Girard #223 esquina Germantown en Filadelfia se dedicó el 21 de septiembre del 2006. Acerca de esta obra, el propio muralista expresó:

"Como emigrante que soy, no me puede ser indiferente la historia de cientos de miles de mexicanos que han tenido la necesidad de dejar su pedazo de tierra, el lugar donde nacieron, para muchos el lugar donde crecieron y conocieron la virtud de pertenecer a una cultura que a pesar de siglos de colonialismo, invasiones, y abusos por parte de un gobierno que hoy en día no ha sabido valorar y encauzar a millones de mexicanos que conforman nuestro territorio nacional. Cultura que nos da la credencial más preciosa del mundo, la identidad mexicana, la cultura de la gente que trabaja duro y ríe mucho, que se reinventa cada día para ofrecer a la familia la capacidad para seguir conformando un país que revienta de gente poderosa, idealista, sapiente, prodigiosa e incansable.

La gente que vive en un territorio dotado de todas las bondades naturales que muchos países envidiarían, no puede seguir siendo objeto de vejaciones por parte de sus gobernadores y representantes que no han sabido entender que la única razón por la cual el pueblo los ha elegido es precisamente para honrarlos como sus servidores, les ha distinguido con el honor de ocupar un lugar publico desde el cual pueden canalizar todo este potencial de esta sociedad ansiosa de progresar, de inventar, de vivir plenamente a toda la capacidad que nos confiere ser los herederos de la creación universal. La gente que dejo México, trayendo sólo consigo sus memorias, y, en algunos casos, el dinero para "el coyote" que lo ayudó dándole una empujadita para venir temporal o definitivamente a los Estados Unidos, es la gente que más admiro en este país, el país de los tan llamados "emigrantes", calificativo para esta gente arriesgada que se gana cada día su espacio en un tema de uso cotidiano: "La Línea", una frontera prohibida.

Los conocí mientras cruzaban esta, (dizque la frontera más transitada del mundo) mientras corría entre los carros y cerros para llegar al otro lado, mientras el perro fronterizo nos quería morder, mientras nos secábamos de sed y hambre, mientras se ahogaba alguien más en el río prohibido, que alguna vez fuera nuestro y oyes sólo el río con las aguas de la muerte, donde cruzarlo significa exponerte a quedarte ahí para siempre atorado o apedreado.

Los conocí mientras temblaba la misma super abuela en la garita, porque no importaron las manos fuertes encalladas de años de ordeña o "zafra", el perro fronterizo olió su miedo de no saber hablar inglés y tener que decir ser ciudadana americana a pesar de seguir oliendo a tierra pura y hierba "pachuli" en la ropa.

Los conocí encerrados en la garita esperando a ser deportado, los conocí por acá también, mientras sacaba la basura de todos lados, por cierto, toneladas, consecuencia de una sociedad consumista y ansiosa de llenar ese vacío interior creado por un capitalismo totalmente fuera de control, desbordado por una morbosa competitividad más obvia por estos rumbos, y también los conocí en "la frutera", los conocí cocinando y al mismo tiempo lavando los platos, los conocí encerando pisos, cortando la hierba, desgajando los árboles mientras se desgaja el alma por los recuerdos tormentosos de la tierra que se dejó atrás, la colonia, el rancho, la familia, la novia, y aún el perro que vive libre en México.

Los conocí también en una casa de dos cuartos con catorce gentes y un baño, los conocí de catorce horas de trabajo diario sin día de descanso y sin "over time", los conocí llorando por el abuso y la desolación, por los planes frustrados y por la mentira de los explotadores....los conocí poniendo la comida en la mesa del rico sin poder sentarse, los conocí añorando por regresar, los conocí enfermos sin seguro social, sin derecho a licencia de manejo, sin derecho a pagar seguro, abusado aun por los que en este país están para servir y cuidar.

Pero, y tengo que enfatizar, PERO, también los conocí ahorrando sueños en un colchón, mientras se gana la vida cantando, danzando, escribiendo en periódicos, dirigiendo marchas, protestando, dando clases, pintando paredes, cosechando hongos, construyendo sótanos mientras se construye el camino de regreso a MEXICO, porque se dejó al país que se dibuja en un mapa de papel mas no se dejó el país que se lleva adentro, que se arremolina en la sangre, que agita el corazón a un ritmo que se desborda, el país no dibujado, sino tatuado, no en la carne, pero en el alma, el espíritu o como le queramos llamar, esa parte dentro de nosotros que nos hace decir con tanto orgullo que somos MEXICANOS, y que sin visa o pasaporte, ya estamos aquí, para vivir, sin dejar de ser señalados como el mexicano migrante, sabiéndonos herederos universales, con el privilegio de reír aunque se esté cansado, porque no se dejó el soñar, no se dejó la fuerza, no se dejó la creatividad, no se dejó el poder de inventar, no sólo nuevas ideas sino aun nuevas formas de vida."

César E. Viveros-Herrera de Veracruz

¡Aquí Estamos!

Muralist César E. Viveros Herrera

The mural "New Fire," at #223 on the corner of West Girard and Germantown in Philadelphia, was dedicated on September 21, 2006. Regarding this work, the muralist himself expressed:

"As the emigrant that I am, I cannot be indifferent to the history of hundreds of thousands of Mexicans who have had the necessity of leaving their piece of land, the place where they were born, for many, the place where they grew up. And the place where they knew the power of belonging to a culture that, in spite of centuries of colonialism, invasions, and abuses on the part of a government that these days has not known how to value and channel the millions of Mexicans who form our national territory, gives us the most precious credentials in the world, the Mexican identity. The culture of the people that works hard and laughs a lot, that reinvents itself each day to provide the family with the capacity to keep shaping a country that is bursting with people who are powerful, idealistic, sapient, prodigious and tireless.

The people, who live in a territory blessed with all the natural goodnesses that many countries would envy, cannot keep being the object of humiliation on the part of their governors and representatives, who haven't managed to understand that the only reason why the people have elected them is precisely to honor them as their servants. They have distinguished them with the honor of occupying a public place from which they can channel all the potential of this society, so anxious to progress, to invent, and to live fully to all the capacity that is conferred upon us by being the inheritors of the universal creation.

The people who left Mexico, bringing with them only their memories, and, in some cases, the money for "the coyote" who helped them, giving him a little push in order to come temporarily or permanently to the United States. It is the people that I most admire in this country, the country of the so-called "emigrants," a description for this daring people that every day earns its space in a subject of daily use: "The Line, a prohibited border."

I met them while they crossed this (apparently the busiest border in the world), while they ran between the cars and hills to arrive on the other side, while the border dog wanted to bite us, while we dried up from thirst and hunger, while someone else drowned in the prohibited river, that once was ours and today is only the river with the waters of death, where crossing means to expose yourself to remaining there forever: stuck, or stoned to death.

I met them while the super granny herself trembled at the checkpoint because her strong hands, callused from years of milking or harvesting sugar cane, didn't matter. The border dog smelled her fear of not knowing how to speak English, and of having to say she was an American citizen in spite of still smelling of pure earth and of patchouli on her clothes.

I met them locked in checkpoint booth waiting to be deported; I met them over here, too, while they took out the trash from everywhere, tons, of course, the consequence of a consumer society eager to fill the emptiness created by capitalism totally out of control, overwhelmed by a morbid competitiveness, more obvious in these parts. And I also met them in "the fruit bowl," I met them cooking and at the same time washing the plates, I met them waxing floors, cutting the grass, tearing the trees while their souls were torn by the stormy memories of the land that they left behind, the neighborhood, the ranch, the family, the girlfriend, and even the dog that lives free in Mexico.

I also met them in a two-room house with fourteen people and one bathroom, I met them with fourteen hours of daily work without a day of rest and without overtime, I met them crying because of the abuse and the desolation, because of frustrated plans and because of the exploiters' lie...I met them putting the food on the table of the wealthy without being able to sit down, I met them longing to return, I met them ill without social security, without the right to a driver's license, without the right to pay for insurance, abused even by those who are in this country to serve and to care.

But, and I have to emphasize, BUT, I also met them saving dreams in a mattress, while they earn their living singing, dancing, writing in newspapers, leading marches, protesting, giving classes, painting walls, harvesting mushrooms, constructing basements while they construct the path of return to MEXICO, because they left the country that is drawn on a paper map but they didn't leave the country that they take away inside, that swirls in the blood, that agitates the heart to a rhythm that floods, the country not sketched, but rather tattooed, not on the flesh, but in the soul, the spirit, or as we like to call it, that part inside of us that makes us say with such pride that we are MEXICANS, and that without visa or passport, we are already here, to live, without stopping to be marked as the Mexican migrant, knowing ourselves universal heirs, with the privilege of laughing although we are tired, because dreaming doesn't stop, the force doesn't stop, the creativity doesn't stop, the power to invent doesn't stop, not only new ideas, but even new forms of life.

César E. Viveros-Herrera de Veracruz

--Translation by Daniel B. Browning

¡Aquí Estamos!

Las Problemáticas/ The Issues

Con el establecimiento de la comunidad ha sido necesario organizarse para demandar sus derechos civiles no sólo para el presente sino también para las futuras generaciones.

El Censo prevé en el año 2050 que un cuarto de la población será de origen hispano.

Esta comunidad busca ser parte de esta sociedad para apoyar y contribuir, pero las limitaciones legales dividen familiares y no permiten participación cívica. Las barreras legales mantienen a esta comunidad fuera de las decisiones económicas y políticas del país.

With the establishment of the community, it became necessary to organize to demand civil rights not only for oneself, but for future generations.

The census predicts that in 2050, one quarter of the population will be of Hispanic origin. This community wants to support and contribute to the larger society, but legal limitations create fear, dividing families and not permitting civic participation. These barriers keep this growing community outside of economic and political decisions and create further isolation.

Educación/ Education

¡Aquí Estamos!

En el 2007, 3,000 estudiantes latinos se matricularon en las escuelas públicas de Filadelfia.

En 2007, se formó el Comité de Padres de Familia de JUNTOS quienes se organizaron para pedir más intérpretes en las escuelas del Sur de Filadelfia.

El 26 de diciembre del 2008, se lo logró un acuerdo con las autoridades escolares--para incrementar los intérpretes dentro de las escuelas y brindar mayor servicios en este aspecto.

En 2010 estudiantes y padres se organizaron para confrontar casos de discriminación, y violencia dentro de las escuelas y siguen buscando soluciones.

Durante los últimos cuatro años, los padres inmigrantes de JUNTOS y SEAMAAC han desarrollado su liderazgo para abogar por los derechos de los estudiantes y familias inmigrantes y su acceso a programas de interpretación frente los oficiales del Distrito Escolar. Estos padres participaron en una serie de talleres y reuniones regulares para discutir sus visiones para gestionar programas pro-inmigrantes en las escuelas públicas, visitaron escuelas a nivel nacional con programas innovadores pro-inmigrante, y hicieron encuestas con los directores de las escuelas del sur de Filadelfia para identificar los recursos y las mejores prácticas para los padres y estudiantes inmigrantes. Durante el foro, el liderazgo del comité de padres compartirá su plan de acción para fomentar modelos pro-inmigrantes en las escuelas del sur de Filadelfia con padres, estudiantes, directores, miembros del Distrito Escolar, y gente de la comunidad.

Pedimos su participación y acción en el foro a cerca de cómo las escuelas pueden apoyar a los servicios y programas que crean un ambiente positivo para los inmigrantes, y por extensión para todos los niños y jóvenes no importa su color, raza, o idioma. Debido al incremento de población inmigrante en Filadelfia, hoy en día esta conversación es aun más importante porque enfrentamos recortes substanciales en todos los presupuestos escolares que pueden dificultar el brindar de servicios a la comunidad. El foro será el sábado, 21 de mayo, 2011 desde 2:00 – 4:00pm en Andrew Jackson Elementary School en el 1213 sur de la calle 12.

In 2007 3,000 Latino students enrolled in public schools in Philadelphia.

In 2007, the JUNTOS Parents Committee was formed in order to seek more interpreters in the South

¡Aquí Estamos!

Philadelphia schools.

On December 2008 they won an agreement with the School district to increase the number of interpreters and offer more services to address this growing need.

In 2010, students and families organized once again to confront cases of discrimination and racial violence within the schools and they continue to work toward solutions.

For the past four years, immigrant parents from JUNTOS and SEAMAAC have been developing their leadership in organizing for language access resources and immigrant friendly programming in the Philadelphia School District. These parents participated in a series of workshops and regular meetings to discuss their visions for immigrant-friendly schools, visited schools nationally with innovative programs for immigrant families, and conducted surveys with school principals to identify resources and best practices for immigrant parents and students. At the summit, parent leadership in South Philadelphia will share their action plan for immigrant-friendly schools with parents, students, principals, District officials, and community members.

We encourage your participation and action at the summit on how schools can support services and programs that create an enriching environment for immigrants and the broader school community. As resources dwindle, and Philadelphia's immigrant population grows, it is a critical time to entertain this discussion. The summit will be Saturday, May 21, 2011 from 2:00 – 4:00 PM at Andrew Jackson Elementary School located at 1213 South 12th Street.

Irma Zamora

Irma Zamora

Miembro de la Mesa Directiva de JUNTOS y Promotora de Salud con Puentes de Salud

El 29 de mayo del 2007, representantes de casi 40 organizaciones asistieron a la reunión de la Reforma Escolar que se llevó a cabo en el auditorio del Distrito Escolar en Filadelfia antes de que ese organismo aprobara la propuesta del presupuesto para el Distrito Escolar. El nuevo presupuesto proponía recortes masivos para compensar los déficits que se aproximan a $150 millones y dependía de un incremento de financiamiento de la ciudad y del estado.

¡Aquí Estamos!

Entre los padres que dieron testimonio ante la Comisión de la Reforma Escolar estuvo Irma Zamora en representación de los Padres de Familia de la Escuela Nerbinger y representando también a la Asociación de Padres de Familia de la organización comunitaria JUNTOS del sur de Filadelfia.

"La Escuela Nerbinger es muy pequeña pero es la mejor en el área. Antes teníamos intérpretes, pues habemos padres de familia que nuestra lengua materna es el español y no el inglés. También contábamos con una secretaria bilingüe. Recientemente nos enteramos que el Sr. John Tart, guardia de seguridad de la escuela ya no estaría trabajando lo cual nos preocupa mucho pues no tenemos paz para ir a trabajar si no estamos confiados en la seguridad de nuestros hijos en la escuela.

Como dije, la escuela Nerbinger es muy buena y nos interesa mantener a nuestros hijos ahí y de que avancen sus estudios.

Yo les pido y también a nombre los demás padres de familia que por favor no recorten más personal de la Escuela Nerbinger y nos priven de empleados como intérpretes, secretaria bilingüe y el guardia de seguridad."

Irma Zamora

Member of JUNTOS Board and Health Promoter of Puentes de Salud

On May 29, 2007, representatives of nearly 40 organizations attended the School Reform meeting that was carried out in the auditorium of the School District in Philadelphia before that organization was to approve the budget proposal for the School District. The new budget proposed massive cuts to compensate for deficits approaching $150 million and depended on an increase in funding from the city and the state.

Among the parents who gave testimony before the School Reform Commission was Irma Zamora, on behalf of the Parents of the Nerbinger School and also representing the Parents Association of the community organization JUNTOS of South Philadelphia.

"The Nerbinger School is very small but it is the best in the area. We used to have interpreters, since we had parents whose mother tongue was Spanish, and not English. We also had a bilingual secretary. We recently learned that Mr. John Tart, the school security guard, would no longer be working there which worried us a lot since we don't have peace of mind to go to work if we aren't confident in the safety of our children at school.

"As I said, the Nerbinger School is very good and we want to keep our children there and to advance their studies.

I ask them also on behalf of the other parents that they please not cut more personnel from the Nerbinger School and deprive us of employees such as interpreters, bilingual secretaries, and the security guard."

--Translation: Daniel B. Browning

Salud/ Health

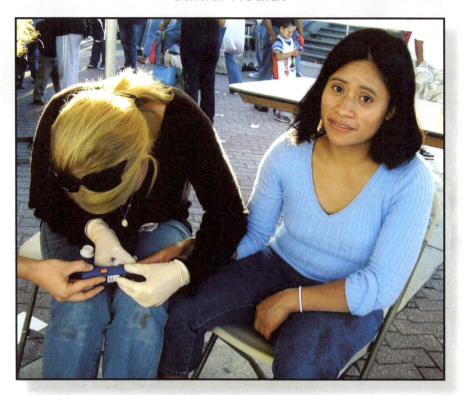

Puentes de Salud

Puentes de Salud abrió su clínica dentro del hospital, St. Agnes en 2006, dando servicios un día a la semana, atendiendo aproximadamente 1,000 personas al año, de manera gratuita.

Varios miembros de la Mesa Directiva de JUNTOS participan como promotores de salud en esa organización

'Bridges to Health' opened its clinic at St. Agnes Hospital in 2006, offering free services to the growing Mexican community once a week, seeing about 1000 people each year.

Several members of JUNTOS Board participate as health promoters in that organization.

¡Aquí Estamos!

Acuerdo del Comité de Seguridad de JUNTOS/La Casa de los Soles con los Distritos Policiales de Filadelfia en el 2005

Los residentes mexicanos y latinos, miembros de JUNTOS/La Casa de los Soles y los representantes de Comunidades Unidas del Sur de Filadelfia, Recursos para la Salud Infantil y los Servicios para Víctimas/ Testigos del Sur de Filadelfia están preocupados por la violencia incesante en las calles de su alrededor. El Comité de Seguridad de JUNTOS/La Casa de los Soles y el 3er y 4º. Distritos Policiales junto con el Inspector de la División Sur acordaron trabajar juntos para mejorar la seguridad en el vecindario. Estuvimos de acuerdo en lidiar con las problemáticas que nos preocupan de la siguiente manera:

- La comunidad mexicana y latina del Sur de Filadelfia serán los ojos y oídos de la Policía y las catalizadoras para una mejor comunicación

- Los capitanes o representantes del 3er y 4o. Distritos Policiales y el Comité de Seguridad se reunirán mensualmente para hablar de los problemas y preocupaciones más apremiantes. También nos reuniremos con el Inspector las veces que sean necesarias

- Trabajaremos juntos para formar un Corredor seguro para los trabajadores que regresan a casa tarde por la noche desde el centro de la ciudad

- Trabajaremos juntos para formar un sistema responsable para obtener una línea telefónica de interpretación para mejorar el acceso al idioma de la comunidad hispanoparlante

- La policía local no le pedirá a los miembros de la comunidad mexicana y latina, que buscan ayuda, acerca de su status migratorio y/o país de origen.

¡Aquí Estamos!

JUNTOS/La Casa de los Soles' Security Committee Agreement with the 3rd and 4th Police Districts of Philadelphia in 2005

Mexican and Latino residents, members of JUNTOS/La Casa de los Soles and representatives of United Communities of South Philadelphia, Resources for Children's Health and Victim/Witness Services of South Philadelphia are concerned by the incessant violence on the streets around them. JUNTOS/La Casa de los Soles' Security Committee and the 3rd and 4th Police Districts along with the Inspector of South Division agree to work together to improve safety in the neighborhood. We agree to address issues of concern in the following ways:

- The Mexican and Latino community of South Philadelphia will be the eyes and ears of the Police and catalysts for better communication

- Captains or representatives of the 3rd and 4th Police districts and the Safety Committee will meet monthly to discuss pressing issues and concerns. We will also meet with the Inspector as necessary

- We will work together to form a Safe Corridor for workers returning home late at night from Center City

- We will work together to form a system of accountability for the language line to improve language access for the Spanish speaking community.

- Local police will not ask members of the Mexican and Latino community who are seeking help about their immigration status and/or country of origin.

Inmigración/ Immigration

Demostración

"Lo que indudablemente ha faltado en el debate [de inmigración] hasta ahora es en primer lugar una discusión de las causas y presiones que hacen que las personas vengan a los Estados Unidos. Para muchos de los nuevos residentes del Sur de Filadelfia, muchos de los cuales son inmigrantes indocumentados procedentes del México rural, hay demasiado pocas oportunidades para progresar en su país natal. Si la disfunción encontrada tanto en los hogares de los inmigrantes en ambos países y las políticas de inmigración de EU no son consideradas relacionadas o son enfocadas simultáneamente, nunca podemos esperar por una solución equitativa que respete los derechos de las personas para moverse libremente o para quedarse."

Un Día Sin

El Movimiento de los Derechos de Inmigrantes de Filadelfia

El 14 de febrero del 2006, miles de inmigrantes, predominantemente latinos de Filadelfia se reunieron para organizar un boicot laboral general en lo que muchos consideran fue la primera acción directa en contra de la legislación de la Cámara de Representantes de EU que criminalizaría a los inmigrantes indocumentados. Estas protestas ayudaron a descarrilar la legislación pero han conducido a un aumento de la polarización y el sentimiento anti-inmigrante, como se demuestra en la ola reciente de ordenanzas locales..."

--Peter Bloom, extracto de su artículo en la revista Progressive Planning titulado "Immigrant Rights and Community Building in a State of Xenophobia", Invierno del 2007.

Peter Bloom es el co-fundador y el primer director ejecutivo de JUNTOS.

"What has been decidedly missing from the [immigration] debate thus far is a discussion of the causes and pressures that lead people to come to the United States in the first place. For many of South Philadelphia's newest residents, many of whom are undocumented immigrants originally from rural Mexico, there are too few opportunities for advancement back home. If the dysfunction found in both immigrants' home countries and U.S. immigration policy are not seen as related or approached simultaneously, we can never hope for an equitable solution that respects people's rights to move freely or to stay."

Philadelphia's Immigration Rights Movement

On February 14, 2006, thousands of predominantly Latino immigrants from Philadelphia came together in a general labor boycott in what many consider the first direct action in the wave of mobilizations against legislation in the U.S. House of Representatives that would criminalize undocumented immigrants. These protests helped derail the legislation but have led to increased polarization and anti-immigrant sentiment, as demonstrated by the recent wave of local ordinances..."

--Peter Bloom, Progressive Planning Magazine article "Immigrant Rights and Community Building in a State of Xenophobia", Winter 2007.

Peter Bloom is the co-founder and first Executive Director of JUNTOS.

Mariposa Monarca dibujada en Casa Monarca

Acerca de la Autora

Leticia Roa Nixon (Ahdanah) nació en el Distrito Federal en México y ha vivido en Filadelfia desde 1985. Es licenciada en Ciencias y Técnicas de la Información de la Universidad Iberoamericana. Ha sido reportera de semanarios hispanos desde 1992 y ha estado documentando la diversidad de inmigrantes latinos en esta ciudad.

Junto Laura Deutch y Carlos Pascual Sánchez produjo el video documental "El Sol Sale Para Todos". En asociación con JUNTOS, gracias a una subvención de la Fundación Leeway, "Arte y Cambio" de abril del 2009, ha compilado este libro de historias orales de los mexicanos del Sur de Filadelfia, que acompaña al video documental "El Sol Sale Para Todos".

Leticia fue co-editora del libro "Mirrors and Windows/Espejos y Ventanas, Oral Stories of Mexicans of Kennett Square". Está terminando su libro "Arándanos, Oral Stories of Philadelphia Puerto Rican Blueberry Pickers" que será publicado con Author House en el 2012.

Es la autora de dos libros infantiles titulados "Blueberry Lady" y "The Mexican Lindbergh" también con Author House.

En el 2009, junto con Dalia O'Gorman, co-fundó Casa Monarca, una organización sin fines de lucro dedicada a preservar y promover el arte, la cultura y las tradiciones mexicanas a través de programas artísticos y educativos en el Sur de Filadelfia.

About the Author

Leticia Roa Nixon (Ahdanah) was born in Mexico City and has lived in Philadelphia since 1985. She has a B.S. in Communications from Universidad Iberoamericana. Since 1992, as a news reporter for Hispanic newspapers she has been documenting the diversity of Latino immigrants in this city.

With Laura Deutch and Carlos Pascual Sánchez she produced the video documentary "El Sol Sale Para Todos" partnering with JUNTOS, thanks to a Leeway Foundation Art and Change Grant (April 2009 she has compiled this book of oral stories of South Philadelphia Mexicans to accompany the video documentary "El Sol Sale Para Todos".

Leticia was co-editor of "Mirrors and Windows/Espejos y Ventanas, Oral Stories of Mexicans of Kennett Square". She is finishing her book "Arándanos, Oral Stories of Philadelphia Puerto Rican Blueberry Pickers" to be self-published in 2012 with Author House.

She's the author of two children's books entitled "Blueberry Lady" and "The Mexican Lindbergh", also with Author House.

In 2009, with Dalia O'Gorman, she co-founded of Casa Monarca, a non-profit organization dedicated to preserve and promote Mexican art, culture and traditions through artistic and educational programs in South Philadelphia.

CPSIA information can be obtained
at www.ICGtesting.com
Printed in the USA
BVHW02n0134310818
526074BV00034B/296/P